"十三五"国家重点出版物出版规划项目

中国经济治略丛书

京津冀区域产业经济生态系统协同发展研究

Research on Cooperative Development of
Beijing-Tianjin-Hebei Regional Industrial Economic Ecosystem

王仕卿　著

中国财经出版传媒集团

经济科学出版社
Economic Science Press

图书在版编目（CIP）数据

京津冀区域产业经济生态系统协同发展研究/王仕卿著.
—北京：经济科学出版社，2019.9
（中国经济治略丛书）
ISBN 978 - 7 - 5218 - 0820 - 9

Ⅰ.①京…　Ⅱ.①王…　Ⅲ.①地方经济 - 产业发展 -
协调发展 - 研究 - 华北地区　Ⅳ.①F269.272

中国版本图书馆 CIP 数据核字（2019）第 187537 号

责任编辑：申先菊　赵　悦
责任校对：蒋子明
版式设计：齐　杰
责任印制：邱　天

京津冀区域产业经济生态系统协同发展研究
王仕卿　著
经济科学出版社出版、发行　新华书店经销
社址：北京市海淀区阜成路甲 28 号　邮编：100142
总编部电话：010 - 88191217　发行部电话：010 - 88191522
网址：www. esp. com. cn
电子邮件：esp@ esp. com. cn
天猫网店：经济科学出版社旗舰店
网址：http://jjkxcbs. tmall. com
北京季蜂印刷有限公司印装
710 × 1000　16 开　9.75 印张　150000 字
2019 年 9 月第 1 版　2019 年 9 月第 1 次印刷
ISBN 978 - 7 - 5218 - 0820 - 9　定价：86.00 元
（图书出现印装问题，本社负责调换。电话：010 - 88191510）
（版权所有　侵权必究　打击盗版　举报热线：010 - 88191661
QQ：2242791300　营销中心电话：010 - 88191537
电子邮箱：dbts@ esp. com. cn）

序

    2014 年 2 月 26 日，习近平总书记到北京市考察工作提出京津冀协同发展的重大国家战略，五年多来，京津冀协同发展规划体系基本形成，作为全国首个跨省市的五年规划，京津冀国民经济和社会发展"十三五"规划于 2016 年发布实施。京津冀空间规划编制完成，并相继出台京津冀交通、生态、产业等 12 个专项规划和一系列政策意见，经过五年的发展京津冀区域全面实践了创新、协调、绿色、开放、共享五大发展理念，形成目标一致、层次明确、互相衔接和协同发展的产业经济生态系统，以推动三地实现"一张图"规划、"一盘棋"建设、"一体化"发展，京津冀区域内的产业经济生态系统不断演进。

    自 20 世纪 80 年代以来，京津冀区域陆续组建了 13 个国家级经济技术开发区。近 40 年来，这些国家级经济技术开发区在发展中聚集了京津冀地区高精尖产业的重要资源，已成为京津冀先进制造业、战略性新兴产业和现代服务业的重要聚集区。多年来，由于三地分属于不同的行政区域，没有形成统一的区域发展规划，导致一直存在政府间恶性竞争、资源要素流动受阻等问题，造成三地大量资源的浪费。京津冀三地国家级经济技术开发区的合作与协调发展对于京津冀区域产业的协同发展具有重要的推动作用和示范效应。

实现区域产业转型升级需要区域内各种资源禀赋条件的优化配置，发挥最大经济效益和社会效益。在全面落实《京津冀协同发展规划纲要》和"中国制造2025"的时代背景下，妥善开发与管理区域经济发展中各个资源要素，平衡各利益相关方的关系，提升京津冀区域产业经济增长效率，激活京津冀区域内的优质资产并实现联动发展，对于推动京津冀区域产业结构升级和优化，实现经济及其产业的协同发展具有重要意义。

鉴于此，本书以京津冀三地的13家国家级经济技术开发区为依托，以生态学理论为依据，针对京津冀区域经济快速、协调发展的要求日益迫切，生态环境等涉及民生的相关基本问题的凸显和国内外竞争压力不断加大的局势，开展三地国家级经济技术开发区产业经济生态系统现状与对策研究，分析京津冀三地开发区产业经济发展与资源条件和相关方等生态环境因素间存在的主要矛盾，提出解决的对策方案，重点提出了与开发区产业发展相适应的人力资源开发的政策措施建议，以期整合区域内的不同资源，进而促进产业间的协调发展，提升京津冀整体的综合竞争实力。

本书主要内容及研究特色如下：

第一，梳理了产业发展相关理论。从产业发展相关理论出发分析了产业演进的一般规律，并针对京津冀区域产业协调发展对区域内资源禀赋响应的要求进行了系统归纳。

第二，系统分析了京津冀国家级经济技术开发区产业发展状况。利用京津冀区域的统计数据资料及对京津冀区域国家级经济开发区的企业和管理部门的调研数据，系统分析了三地经济技术开发区产业发展状况，从供给侧和需求侧两方面对京津冀区域内各开发区的各资源状况和相关方的利益关系进行了详细分析。

第三，提出京津冀区域产业经济协同发展的对策建议。按照有利于促进产业协同发展、企业创新创业的发展原则，从生态学视角归纳提出京津冀区域经济开发区区域—产业—社会生态系统产业协同发展的总体思路，本着"打通渠道、服务先行、制度保障、政策导向"的原则，从宽度、深度和弹性三个维度提出了拓展区域内产业联动发展的方式和路径，探索了产业发展共享平台服务产业园区建设和信息库建设的动力机制，以推进京津冀区域—产业经济—社会协调发展战略目标的实现。

课题的研究与本书的撰写和出版过程，得到了北京市社科基金的大力支持和经济科学出版社的热情协助，还得到了我的博士导师韩福荣教授和原首都经济贸易大学安鸿章教授的关怀指导。北京联合大学健康与环境学院院领导和科研处以及资源管理系领导陈雄鹰教授、汪昕宇教授和同事穆红莉教授、陈海燕副教授、邸耀敏副教授和李晨副教授从各个方面给予大力支持，在此一并致以衷心的感谢。

第 1 章

绪　　论

1.1　研究背景

随着世界范围内工业化与城市化进程的加快，以纽约、伦敦、东京等世界大都市圈为核心的区域成为世界经济最为活跃的区域，并开始逐步主导全球经济。我国改革开放40多年来，城市化进程加速和经济持续快速发展，特别是沿海地带以城市为中心带动的区域经济强劲增长，不仅使得我国大都市圈地区的人口聚集和空间扩大，经济实力和国际影响力都在大幅度提升。珠江三角洲经济圈和长江三角洲经济圈已经发展成为世界级的制造业基地。而以北京为中心的京津冀区域在政治、科教文化、高科技产业等领域中的国际影响力也大幅度提升。京津冀区域作为中国北方经济的核心区域，从区域经济协同发展的程度来看，较长三角区域和珠三角区域有所滞后，其中最为普遍的是区域内部发展不平衡，即所谓的"二元结构"问题。首都北京和海港城市天津周边区域的经济发展差距巨大，尤其是首都北京作为"全国政治中心、文化中心、国际交往中心、科技创新中心"，其与周边区域经济的协同发展、市场化和产业化协同度较低，如何通过疏解非首都功能，塑造京津冀三地经济协同发展的经济生态系统，促进京津冀区域全面协同发展成为最重要的课题。

作为我国的三大城市群之一，京津冀区域一体化发展战略已经进入全面推进阶段。在十一届全国人大四次会议通过的《中华人民共和国国民经济和社会发展第十二个五年规划纲要》（简称《纲要》）提出"推进京津冀区域经济一体化发展""打造首都经济圈"。这是国家发展规划中首次写进"打造首都经济圈"，标志着其已成为国家层面的发展战略问题。2013年8月，习近平总书记在北戴河主持研究河北发展问题时，提出要推动京津冀协同发展。此后，习近平总书记多次就京津冀协同发展做出重要指示，强调解决好北京发展问题，必须纳入京津冀和环渤海经济区的战略空间加以考量，以打通发展的动脉，更有力地彰显北京优势，更广泛地激活北京要素资源，同时天津、河北要实现更好发展也需要连同北京发展一起来考虑。2014年2月，习近平总书记在北京主持召开座谈会，专题听取京津冀协同发展工作汇报，强调实现京津冀协同发展，是面向未来打造新的首都经济圈、推进区域发展体制机制创新的需要，是探索完善城市群布局和形态、为优化开发区域发展提供示范和样板的需要，是探索生态文明建设有效路径、促进人口经济资源环境相协调的需要，是实现京津冀优势互补、促进环渤海经济区发展、带动北方腹地发展的需要，是一个重大国家战略，要坚持优势互补、互利共赢、扎实推进，加快走出一条科学持续的协同发展路子来。2016年2月3日最高人民法院发布《最高人民法院关于为京津冀协同发展提供司法服务和保障的意见》（以下简称《意见》）。《意见》围绕"创新、协调、绿色、开放、共享"五大发展理念，就服务和保障京津冀发展提出了18条举措。《意见》根据功能疏解、产业升级转移等要求，作出相应规定。《意见》明确，将建立健全京津冀法院工作联络机制，以"协同司法"保障"协同发展"。

中共中央"十三五"规划建议提出，京津冀协同发展要优化城市空间布局和产业结构，有序疏解北京非首都功能，推进交通一体化，扩大环境容量和生态空间，探索人口经济密集地区优化开发新模式。2015年，京津冀协同发展，努力推动三地"一张图"规划、"一盘棋"建设、"一体化"发展，在交通一体化、生态环境、产业对接三个重点领域率先突破。

在产业对接协作方面，财政部和国家税务总局制定了《京津冀协同发展产业转移对接企业税收收入分享办法》。2015年1～10月，北京企业在天津投资项目327个，到位资金1172.7亿元；在河北投资项目2896个，到位资金2381亿元。2015年1～10月，北京、河北在天津投资资金到位额超过1520亿元，占天津利用内资的43%。

北京与河北共建曹妃甸协同发展示范区，设立了200亿元的首钢京冀协同发展投资基金，20多家北京企业到曹妃甸落户发展。推动中关村示范区、亦庄开发区与津冀合作共建大数据走廊、保定中关村创新中心等科技园区，加快打造跨京津冀科技创新园区链，促进三地创新链、产业链、资金链、政策链、服务链深度融合。

京津冀区域经济一体化的发展较长三角地区、珠三角地区发展缓慢，有较大差距，不同的专家学者对京津冀区域的发展进行了深入的研究，提出了许多不同的政策主张。刘纯斌（1992）从历史的角度说明京津冀本来就是一个联系密切的城市群，京津冀是一个整体，共处同一环境，共用同一水电路，共争同一市场。他建议通过建立京津冀大行政区的设想，来解决上述问题。王爱春（1995）认为，地处渤海湾中枢地带的京津冀有许多其他经济区域无法比拟的发展条件和优势，可以以港口为对外开放的窗口，逐步向内地扩展。张可云（2004）依据区域经济合作发展的一般规律与发达国家的经验，提出完善京津冀都市圈合作机制，关键在于完善区域管理制度基础，京津冀都市圈企业主导型合作，应该注意克服地方利益矛盾，并且用合理的政策促进地区间的企业合作。崔和瑞（2006）从全球范围分析了区域经济的发展趋势，认为区域经济一体化运动已遍布全世界，京津冀是环渤海经济圈的核心部分，逐步成为带动我国区域经济发展的第三个增长极。刘晓春（2010）从地域格局的角度分析，认为京津冀要发展就必须整合，将京津冀分割成三块是造成与长三角地区、珠三角地区差距扩大的根源，由此来看，学者们比较一致的观点是，京津冀区域经济一体化是必然选择。李媛媛（2006）、李国梁（2006）、韩利红（2010）等学者从现实基础和有利条件的角度，分别论述了京津冀区域空间整合发展的可行方向。戴宏伟（2002）、李国平（2009）、魏后凯（2012）、刘卫东（1992）、王宪明（2006）、祝尔娟（2012、2013），连玉明（2014）等学者从京津冀地区产业结构的特点和存在的问题角度、战略发展的高度，阐述了京津冀一体化的相关理论和内在逻辑。随着京津冀协同发展的提出，一些学者开始从生态学角度研究区域经济问题，张向阳（2008）提出了京津冀区域经济生态系统的概念和内涵，并对其系统运作机制进行了探讨。天津商业大学周桂荣教授从产业生态系统的角度论述了京津冀区际产业合作制，北京大学的刘金龙（2013）从生态系统服务脆性评估角度进行了实证研究。

上述研究充分说明：京津冀产业经济协同发展是京津冀协同发展的国家级战略的核心内容之一，并引起了相关各方政府、企业和专家学者的高度重视。综合上述内容，对这一国家级战略，京津冀各地政府对如何进行京津冀产业经济协同多从发展战略思路、发展的认识态度、发展目标蓝图、区域空间布局、顶层规划设计等前期进行了构想。专家学者多是从打造京津冀协同发展的战略意义、区域资源的优化配置、核心城市的辐射能力、区域经济规律的功能作用、国家相应规划配套、加强权威性约束性指导作用等方面入手研究问题，同时强调京津冀三地协同发展最大的问题是打破体制上的障碍。顶层设计，各类规划能不能实施，关键是有没有形成统一、有效的区域合作机制，如果缺乏配套长效的机制，规划再好，也只能是在墙上挂挂，起不到应有的作用。在打造京津冀经济生态系统中确立京津冀对接模式及协同发展运行的体制和运行模式，具有重要意义。

本书对打造京津冀经济生态系统、促进首都经济圈与津冀对接的区域经济发展模式及协同发展进行研究，拟借助城市集群理论、城市规划理论以及生态学的相关理论，从有效促进区域经济协同发展的目标出发，研究京津冀区域产业分工、空间布局、协同发展的关系问题，确立京津冀有效的经济运行方式和协同发展的实施路径，以及延伸研究与大城市集群相适应的规划体系建设、交通体系建设、通信体系建设、信息体系建设、金融体系建设、物流服务保障体系建设等运行方式问题，实现京津冀区域在发展空间、产业功能、资源要素、基础设施、产业政策、产业禀赋开发等方面的对接融合，因此具有独特的现实应用价值和深远的历史意义。

1.2 京津冀协同发展的历史脉络

从 20 世纪 80 年代开始，京津冀协同发展经历了三十多年探索的过程，见表 1 - 1。在这个过程中，区域合作的构想也在不断变迁，从合作发起到京津冀都市圈规划再到区域协同发展战略，区域协同发展的进程在不断深化。

第一阶段：京津冀区域合作发起（1986～2003 年）。

20 世纪 80 年代开始，为了促进本地区的经济发展，华北地区出现了一些区域合作组织。如 1981 年成立的华北地区经济技术协作区和 1986 年成立的环渤海地区市长联席会。这个阶段区域合作组织的目的是为区域中商品流通搭建平台。

第二阶段：京津冀都市圈规划阶段（2004～2013 年）。

2004 年，国家发改委召集京、津、冀三地政府开始编制京津冀都市圈区域发展规划。此后出现了三地频繁互动，推动都市圈建设的局面。2004 年 2 月，国家发改委召集北京、天津及河北 11 个市发改委在廊坊召开了京津冀区域经济发展战略研讨会，并达成了 10 点"廊坊共识"。"廊坊共识"明确了要在京津冀区域推进经济一体化进程。2010 年 8 月，《京津冀都市圈区域规划》上报国务院，区域发展规划按照

"8 + 2"的模式制订。2004 年后京津冀区域出现了较为紧密的区域合作，一批产业在区域内实现了转移。2005 年 2 月，国务院批准了首钢搬迁到唐山曹妃甸。2006 年，北京焦化厂搬迁到河北唐山。2013 年，北汽集团北京汽车制造厂搬迁到河北黄骅。2013 年 6 月，北京凌云建材化工有限公司的新厂址在河北邯郸武安动工。

第三阶段：京津冀协同发展战略阶段（2014 年至今）。

2014 年 2 月 26 日，习近平主持召开京津冀三地协同发展座谈会，指出京津冀协同发展是一个重大的国家战略，京津冀三地要自觉打破自家"一亩三分地"的思维定式，实现协同发展。2014 年 8 月，国务院成立京津冀协同发展领导小组，国务院副总理张高丽担任该小组组长。此后，三地地方政府开展了一系列工作推进京津冀协同发展的进程。京津冀三地地方政府签署了多份合作协议。三地先后实现了一体化通关和一体化修建城际铁路。在这个阶段，三地的产业合作日益密切。大红门 8 家主力市场搬迁到河北廊坊永清国际服装城。中关村高科技企业精雕科技、四方继保等一批高端制造、节能环保领域的企业纷纷将生产基地、中试平台、生产性研发平台迁移到河北的廊坊、保定、承德等地，包括北京万生药业在内的 21 家北京医药企业组团签约落户河北沧州渤海新区。

表 1 - 1　　　　　　　　京津冀区域协作各阶段大事记

阶段	时间	关键内容	事件
合作发起阶段	1981 年	华北地区经济技术协作区	包括京、津、冀在内的 5 个省区市成立了全国第一个横向经济技术协作组织——华北地区经济技术协作区
	1982 年	首都圈概念	《北京市城市建设总体规划方案》中出现首都圈概念，在合作构想上拉开京津冀协同发展的序幕
	1986 年	环渤海地区市长联席会	在时任天津市市长李瑞环的倡导下，环渤海地区 15 个城市共同发起成立了环渤海地区市长联席会
	1996 年	"首都经济圈"的概念	《北京市经济发展战略研究报告》提出"首都经济圈"的概念。范围是"2 + 7"模式，即以京津为核心，包括河北省的廊坊、唐山等 7 个市，面积共 16.8 万平方公里

续表

阶段	时间	关键内容	事件
京津冀都市圈规划阶段	2004 年	"廊坊共识"	国家发展和改革委员会召集北京、天津及河北 11 个市发改委在廊坊召开了京津冀区域经济发展战略研讨会，并达成了 10 点"廊坊共识"
	2008 年 2 月	第一次京津冀发改委区域工作联席会	京津冀发改委负责人参加了在天津召开的"第一次京津冀发改委区域工作联席会"
	2010 年 8 月	《京津冀都市圈区域规划》	《京津冀都市圈区域规划》上报国务院，区域发展规划按照"8 + 2"的模式制订：包括北京、天津两个直辖市和河北省的石家庄、秦皇岛等 8 个地级市
	2011 年 3 月	"打造首都经济圈"	国家"十二五"规划纲要提出"打造首都经济圈"
区域协同发展阶段	2014 年 2 月	国家战略	习近平主持召开京津冀三地协同发展座谈会，指出京津冀协同发展是一个重大的国家战略
	2014 年 3 月	政府重点工作	李克强总理所作的 2014 年首份施政报告提出将"加强环渤海及京津冀地区经济协作"列入 2014 年重点工作
	2014 年 7 月	河北省与北京签署七项合作协议	河北与北京签署《共同打造曹妃甸协同发展示范区框架协议》《共建北京新机场临空经济合作区协议》《共同推进中关村与河北科技园区合作协议》等七项合作协议
	2014 年 8 月	京津冀协同发展领导小组	国务院成立京津冀协同发展领导小组，国务院副总理张高丽担任该小组组长
	2014 年 8 月	京津两市签署五项合作协议	京津两市签署了《贯彻落实京津冀协同发展重大国家战略推进实施重点工作协议》《共建滨海—中关村科技园合作框架协议》等五份合作协议
	2014 年 9 月	京津冀区域一体化通关	企业可在京津冀三地自主选择通关模式、申报口岸和查验地点；这意味着京津冀海关率先打破"一亩三分地"，三地之间的通关壁垒被打破
	2015 年 4 月	京津冀三地共建城际铁路	京津冀三省市政府、中国铁路总公司签署协议成立京津冀城际铁路投资有限公司，负责京津冀城际铁路建设，三地共建城际铁路给协同发展带来便利

续表

阶段	时间	关键内容	事件
区域协同发展阶段	2015年4月	《京津冀协同发展规划纲要》	中央政治局会议审议通过《京津冀协同发展规划纲要》
	2016年2月	《"十三五"时期京津冀国民经济和社会发展规划》	全国第一个跨省市的区域"十三五"规划《"十三五"时期京津冀国民经济和社会发展规划》印发实施

资料来源：本书研究整理。

1.3 研究意义

在京津冀协同发展上升为国家战略以后，尤其是随着作为北京市副中心建设通州和雄安新区建设的快速推进，区域内产业分工协同的要求提升到更加凸显的战略位置。产业—经济—社会生态系统的发展成为带动区域协同发展的必然要求。因此，本书立足于京津冀区域产业经济开发区的产业现状，以产城融合、产业梯度与产业发展互补、非首都功能疏解、城市群与产业结构优化为研究载体的京津冀产业经济生态系统的构建为目标的产业经济系统研究具有重大而急迫的实用价值和现实意义。

1.4 研究内容

（1）探讨京津冀协同发展背景下首都经济圈经济生态系统的企业及其相关方构成要素和各要素在经济发展中的生态位构成和生态功能界定。这部分内容是从京津冀协同发展的目标出发，依据区域经济理论和生态学观点，界定京津冀经济生态系统的组织构成、经济生态系统的主体和相关产业链结构关系，探究京津冀经济生态系统的经济传导机理，借助生态种群演化和生态传染机理分析京津冀经济生态系统的生态承载能力、生态功能实现路径、生态位缺位等，阐明健康的京津冀经济生态系统的组织框架和运行机理。

（2）在京津冀产业协同发展中，北京在京津冀经济生态系统中生态位势理论研究。在本部分内容中，结合北京产业功能调整和服务化转型升级的契机，揭示北京作为新首都经济生态位、生态位势和生态位搭建，提出在首都产业疏解和产业转型升级的路径选择。

（3）首都经济生态系统中的天津子生态系统的生态位构建与产业协同演化机理研究。从北京和天津的产业分工协作切入，对双方都着重发展的电子信息、新能源新材料、生物医药、高端装备、航空、节能环保等产业，依据生态种群协同演化原理，明确界定两个子系统的结构与功能生态位特色，研究如何实现生态位的错位与重叠、共生机理、传染机理等，实现经济子系统的生态错位和生态协同演化，提高生态负荷能力。着重研究天津经济子系统与北京经济生态子系统的生态功能对接和搭建，培育新的经济增长点，平衡北京和天津的利益关系和发挥区位优势。

（4）首都经济生态系统中京冀对接合作与协同演化研究。利用系统共生原理和传染病模型，构建京冀城市集群力和企业集群力对实现京冀经济生态子系统功能的协同演化的作用，并通过本书调研所得的廊坊城市群和北京通州发展数据，进行实证分析。为重塑河北经济增长的动力源泉、实现京津冀协同发展提供路径选择。

（5）对比与案例研究。在国际上，如东京、巴黎、纽约城市扩张发展集群模式可以借鉴。我国在珠三角地区、长三角地区初步形成的城市集群模式亦可以借鉴，本书也将着重分析以上国内外地区发展的典型案例，为京津冀的经济协同发展借鉴经验。

1.5　研究方法

本书深入揭示京津冀协同发展的现状与问题，和国家战略规划和区域发展目标高度契合，借助组织生态学这一新的理论视角研究促进京津冀协同发展的协同度问题，从理论与实践的角度提出促进津冀有效地吸收首都高科技与经济优势的措施，并有力地承接首都的经济功能疏散，实现京津冀区域社会经济协同发展的战略目标。典型的研究方法：

（1）问卷调研法。分别针对京津冀三地，选取典型区域发展特征的子区域作为样本，设计问卷内容。

（2）比较研究法。在本书中，拟对国内外学者区域协同发展的各种论题的不同研究内容和观点进行比较研究。

（3）统计分析。利用公开统计年鉴、开发区年鉴和各地方区域发展年鉴等公开数据，甄选能反映京津冀区域协同发展的指标，进行统计分析。

第 2 章

区域协同发展相关理论研究

近几十年来，科学技术的发展向人类展示了自然组织更深层次的统一，与科学技术的深度交叉融合相关联，区域产业的布局发展与城市社会发展也展现了相互渗透及综合的发展新趋势。

京津冀区域产业协同发展研究正是基于上述背景，在可持续发展理论的指导下，总结了产业集群理论和实践的成果和不足，以生态的视角和演化观念，借鉴组织生态学、演化经济学的方法，对产业生态系统与环境相互作用及其演化规律进行进一步的研究和探讨。

2.1 产业升级与梯度转移理论

2.1.1 产业发展与升级的特征

产业是一个国家国民经济的有机组成部分，它的集合构成了整个国民经济。由于生产要素的改变和市场竞争的推动，产业处于产生、生长和进化的过程中。产业进化过程的核心是产业结构的变化过程。一些产业获得了先于其他产业大发展机遇，逐步拥有较为稀缺的要素资源，如技术、知识和资本，提高了产业附加值。这一过程称为产业发展与升级。

对于整个国民经济而言，各个时期不同产业对经济的影响力存在很大差异。那些能够带动和影响国民经济发展的产业成为主导产业，而国家和社会对之政策上的扶持，推动要素资源加速向其集中的产业可划定为战略性新兴产业。产业发展受到所处历史时期的经济发展水平的影响，可以用产业发展的生命周期理论进行描述。

进入 21 世纪以后，世界范围内产业发展呈现出一些新动向。较为突出的有：产业集聚和产业价值链从区域扩张至国际范围；互联网与现代物流配送体系和传统业态相结合；大都市引领城市群发展成为产业布局的主要区域。这些新的产业发展趋势主要特征为产业聚集化、产业融合化及产业生态化。

2.1.1.1　产业聚集化

产业集聚化是指在一个大的地域范围中，生产某种产品的若干个同类企业，为这些企业配套的上下游企业及相关的服务业高密度地聚集在一起，以此形成产业集聚。这种以产业集聚和企业集聚为目标的特殊空间，常常是经由上级政府批准，专门划定一块特定的区域，并通过一定的政策引导和资金投入，创造出优于其他区域的投资环境而形成的。一般而言，产业基地、开发区和各类工业园区是产业集聚的表现形式。

产业集聚内众多的企业在产业上具有关联性，能共享诸多生产要素，包括专业人才、市场、技术等。其中的一些互补产业则能够产生共生效应，集聚内的企业因此获得外部经济和规模经济的效应。集聚内的企业既有合作也有竞争，在分工的同时也会互相协作，彼此关系较为紧密，形成一种互动性的关联。这种关联形成的竞争压力和潜在压力有利于推动集群内企业持续创新，并由此带来一系列产品创新，促进产业加快升级。由于集群内集聚了大量的经济资源和众多的企业，高度集聚的资源和生产要素处于随时可利用的状态，克服了部分机会主义行为，为集群内的企业提供了极大的便利，并且降低了交易成本。人是知识与信息的载体，在产业集聚区域，人才的流入不仅带来了专业知识、信息、经验和技能，还因为这些人才往往处于复杂的经济网络与社会关系网络中，并且和区域外部保持着各种各样的联系，从而疏通了知识和信息流入的渠道。

2.1.1.2　产业融合化

有学者将产业融合化定义为：不同产业或者统一产业内的不同行业相互渗透、相互交叉，最终融为一体。逐步形成新产业的动态发展过程。日本学者植草益从产业融合的原因和结果来解释产业融合的内容：产业融合就是通过技术革新和放宽限制来降低行业间的壁垒，加强行业内企业间的竞争合作关系。产业整合一般分为三类：一是高新技术及相关产业向其他产业渗透、融合并形成新的产业；二是产业间的延伸融合，即通过产业间的功能互补和延伸实现产业融合，这类融合通过赋予原有产业新的附加功能和更强的竞争力，并最终形成融合性的产业新体系；三是产业内部的重组融合，这是发生在各个产业内部的重组与融合，即发生在各个产业内部的重组和整合过程中。

产业边界模糊化是产业融合的一个重要特征，在互联网技术可以为全新的行业建立新的边界的情况下，产业会出现两种新的变化。一是产品的差异化增大。虽然某些融合的产品实际上已经变成没什么区别的相同产品，但仅仅是消费者对它们的偏好不同，也会使它们出现差异化。这样的趋势正引导着不少企业尽力使其生存的产品拥有大规模差异化特征，即为大众市场定制个别用户所需要的产品。这种转变体现着当今市场边界正在发生移动，即出现模糊化。二是产品的可替代性加大。即原本可能并不具备替代性的产品转变为具有替代性的产品，或者是原本只有较低可替代性的产品转变为具有更大可替代性的产品。

为了与产业融合的高速变革相适应，传统的公司组织结构出现了新的变化。公司是由无数个业务单元构成的。当这些业务单元组合并运作起来，便构成了一个复杂的自适应系统。这种组织结构的本质是一种网络型的结构。

2.1.1.3 产业生态化

产业生态化以"减量、再利用、再循环"为社会经济活动的准则，是一种促进人类社会与自然协调和谐的产业发展模式。它以最大限度地利用进入系统的能量，提高资源的利用效率，并最大限度地减少污染物的排放，提升经济运行质量和效益。产业生态化的目标是在保证自然界能够保持良性循环的先决条件下，最大限度地发挥生态系统中物质的生产潜力，并最终达到生态经济的协调发展。如果把一个产业或一个企业看作一个系统，则可以将生态系统中物种共生、物质循环再生的原理应用到设计生产工艺系统当中去。

2.1.2 产业梯度转移

产业梯度转移即产业在区域间的转移，是指在资源供给或产品需求条件发生变化后，某些产业从某一国家或地区转移到另一国家或地区的经济行为和过程。产业梯度转移可以分为国家产业梯度转移和地区内的产业梯度转移。对某些地区而言，包括区域外的产业梯度转入和本地产业梯度转移到其他地区两个动态过程。

产业梯度转移以工业生产的生命循环为理论基础。它是以经济效率为最主要的目标，并以地区发展水平的客观差异为依据，通过资源在空间的优化配置和生产力的梯度转移逐步缩小地区间经济发展差异，以实现一国生产力布局的均衡发展战略理论。该理论较为科学地阐明了生产力由高梯度向低梯度地区推移的趋势，并且被世界上许多国家和地区的产业经济实践所证实。

国家和地区间经济技术的发展水平非均衡现象始终存在，由此形成了一种经济技术梯度。只要地区间的潜在收益大于产业移动成本，就会出现产业梯度转移。其空间转移的顺序是高梯度地区率先掌握先进技术，接着将该技术逐步推移至处于二级梯度与三级梯度的地区，推移的速度随着经济发展的加快而加快。这有利于逐步缩小地区间经济发展的差距，从而实现区域间产业经济程度的相对平衡。

梯度转移理论源于弗农提出的产品生命周期理论。该理论认为，工业各部门及各种工业产品都会经历创新、发展、成熟、衰退四个阶段。此后，威尔斯和赫希哲等对该理论进行了验证，并加以充实和发展。发展经济学和空间经济学将这一理论用于地区经济发展动态的研究，产生了区域经济发展梯度转移理论。

产业梯度转移主要包括两种形式：一种是由于成本、市场销售等各方面因素变化，某一地区已经不再适合某类产业的发展，企业自发地将生产设施从地区转移到另一地区，这是传统意义上产业转移；另一种是某类产业起初在某一地区非常发达，后来由于资金成本、劳动力成本等因素的变化，另一地区称为更加适合该类产业发展的地方，产业由此移入。自 20 世纪 90 年代以来，随着全球经济一体化进程的加快、金融市场和科技的飞速发展，特别是知识和信息的溢出效应，产业区域转移的方式也开始多样化，除了原有的对外直接投资形式，还衍生出产业互换、代工生产（OEM）等新形式。产业互换是产业内分工的一种形式，具体是两国或者两地区某一产业存在一定程度的产业重合度，有各自的优势，但产业发展的水平和层次存在一定的差异，两者之间形成跨区域的分工。"OEM"原意是原始设备制造，俗称为"代工"或"贴牌"生产，是一种通过订单采购方式由生产加工企业向品牌所有人提供符合该品牌要求并以该品牌名义出售产品的经营方式。

2.1.3　产业发展模式转型的路径

产业发展模式是由产业结构、产业技术和产业布局构成的产业发展总体格局。产业发展模式的转型是经济转型的基础，也是体制转型的先导。对产业发展的考察既涉及总体产业也涉及产业个体。具体来说，产业发展模式转型有以下路径。

（1）全球产业价值链由低端锁定向高端攀升转变。自 20 世纪 80 年代以来，发达国家在全球范围内实行优化资源配置战略，将产品价值链从各环节在全球范围内重新布局。这也为发展中国家嵌入全球价值链，实现跨越式发展提供了难得的机遇。产业价值链中众多"价值环节"并不是等量劳动创造等量价值，只有某些特定的价值环节才能创造高附加值。保持全球产业竞争优势的关键是掌握该产业全球价值链的战略环节，而这些环节进入壁垒较高、替代性小、具有一定垄断性，一般由发达国家的跨国企业主导。

（2）产业技术创新效应由单个创新向集群创新转变。从各国产业演化规律来看，产业发展的一个重要特征是产业在某一特定区域和空间范围内通过密集分布实现发展壮大。产业集群是产业地域化的高级阶段，是以产业价值链为核心，包括产品链、信息链、知识链、创新链的全方位延伸。集群主题包括企业、知识创新机构、中介结构和顾客。产业集群在产业关联、资源互补、协同创新、知识整合和渠道创造等方面的特征较为突出，能够发挥集群效应、整合效应和创新效应。产业集群决不是某个区域内多个企业的简单叠加，地理靠近仅仅是集群的必要条件而非充分条件，并不必然导致创新发生和知识扩散。熊彼特（J. A. Schumpter）最早指出，创新不是孤立事件，它的出现具有规律性，在时间上并非呈现均匀分布，而是趋于集群或者成簇分布。"集群创新"通过对特定区域内相对集中的同类或相关产业进行优化组合，使其创新效应得到充分发挥，从而产生更强的产业竞争优势。企业、科研院所及相关研发基地技术创新能力的集成是推动企业技术进步的重要要素、产业链和网络支撑。

（3）基于全球战略的产业布局由地域根植向全球布局转变。在经济全球化的今天，尽管交通通信技术的发展部分减弱了跨越时空的成本，但是地理位置的重要性，尤其对于产业或企业保持和获取竞争优势依然关键。不管产业发展如何定位，都是在既定资源约束和社会经济发展目标上博弈，离不开特定区域的区位要素制约。从根本上说，集群企业必须融入当地的社会文化环境才能保证经济活动和技术创新的持续进行。产业的生命力在于通过知识溢出和协同创新才能保证经济活动和技术创新的持续进行。新创企业的涌现既能增强技术的多样化，又能促进产业技术升级，加速产业分工，由此形成的协同效应和创新效应催生更多的异质产业部门的涌现。但是具有强烈地域根植性的产业集群容易陷入"路径依赖"，诱发产业生命周期演化的"锁定效应"。

（4）创新驱动下产业发展的动力转换路径。产业发展的动力机制构成要素是驱动产业形成和发展的有利因素的总和。它包括形成阶段的生成动力和成长阶段的发展动力。中国经济新常态背景下由于产业发展的要素，基础和方向与传统增长模式下的根本区别，除推动产业生成、发展并走向成熟的动力之外，基于自主创新特性和高端指向的产业发展，还必须有推动其从原有结构和模式中跃迁过程的发生，即产业发展的完整动力机制应包括生成动力、发展动力和跃迁动力，分别出现在产业的形成阶段、成长阶段和成熟阶段。

（5）战略新兴产业带动的传统产业技术跃迁路径。全球产业发展史表明：高科技是产业发展和经济增长的重要引擎，尤其是前沿科技产业对一国的产业竞争力、产业结构演进、产业发展模式变迁和工业化进程有重大影响。战略性新兴产业以重大前沿技术和重大发展需求为基础，形成知识密集型、物质资源耗能低、发展潜力巨大、综合效益良好的主导产业，以此推动产业结构升级、提升产业自主创新能力和国际竞争力，并对整个国民经济产业体系产生引领作用。中国当前处于信息化、城市化和新型工业化、制造业和服务业深度融合发展的关键时期，原有的发展模式急需改变，发展战略性新兴产业是推动产业结构升级、培育新的经济增长点的重要战略举措。各国都将新兴产业发展提升到国家战略高度。从国际经验来看，战略新兴产业的培育和发展有多种路径，如可以通过高新技术的产业化途经或通过承接国际产业转移实现。新兴产业往往是在传统产业的基础上转型、裂变和嫁接而来的，通过提升传统产业、发展新兴产业，可以降低市场风险、快速激活存量资源。

2.2　产业价值链、产业集群与产业空间集聚理论

2.2.1　产业价值链

产业也称为行业，是生产同类产品企业集合。产业中的企业并不孤立存在，其生产经济和管理的运行受到上游的供应商、行业内的竞争与合作企业以及下游的客户影响，其创造产品附加值有赖于上述各种利益关联者的共同作用。如果产业的协作相对稳定，就会形成链条式的价值增值过程，美国经济学者迈克尔·波特（Michael E. Porter，1985）在1985 年出版的《竞争优势》一书中提出，"每一个企业都是在设计、生产、销售、发送和辅助其产品的过程中进行种种活动的集合体。所有这些活动可以用一个价值链来表明。"由此，产业价值链被引入产业经济学，专指产业部门之间基于一定的技术经济关联，在特定时间和空间形成的链条式联系。

迈克尔·波特还认为，每家企业都处于产业链中的特定环节，每家企业的价值链同它的供应商、销售商及顾客价值链之间也存在价值链关系，或称为产业价值链。换言之，当价值链理论的分析对象聚焦全体产业时，其研究对象就是产业价值链。价值链与产业价值链分别从价值创造和产业组织及其职能关系的角度审视价值关系。

产业价值链本质上是指各个产业部门之间基于一定的技术经济关联，并依据特定的生产关系和时空布局客观形成的链条式价值传递和转移关系。按照迈克尔·波特的逻辑，每个企业都处在产业链中的某一环节，一个企业要赢得和维持竞争优势不仅取决于其内部价值链，而且还取决于在一个更大的价值系统中，一个企业的价值链是同它的供应商、

销售商及顾客价值链之间的链接。

2.2.2　产业集群与产业集聚理论

2.2.2.1　集聚经济的成因：规模经济与范围经济发展的必然

工业区位经济学家阿尔弗雷德·韦伯（Alfred Weber，1909）在1909 年出版的《工业区位论》中最早提出集聚、集聚效应和集聚经济的概念，集聚是指生产要素和经济活动在空间的集中、大量的集中形成集聚；而集聚效应是指生产要素和经济活动大规模集中所引致的对地区经济增长的综合效果。在已有的文献中，不同的学者对集聚经济有不同的解释，概括来说，一般指企业生产经营活动在空间上的集聚所带来的经济效益和成本节约。亨德森（Henderson，1988）指出，集聚经济是地理接近的企业之间存在的溢出的结果。即使企业生产技术的规模报酬是不变的，所有企业的生产率也会因为集聚的外部性而获得普遍提高。

规模经济是经济学中的一个基本概念，指企业因扩大某种产品的生产或经营规模而使收益增加的现象。规模经济产生的原因包括：（1）满足最小技术效率的要求。某些现代化的技术装备、设施和信息媒介具有整体性，小于其最小单位的技术装备投入就等于放弃这种技术装备的功能。（2）分工的利益。分工可以进行专业化的生产，从而减少劳动者的学习成本，以便于采用专用设备和工具，并为新的创新模式——过程创新提供条件。（3）辅助生产的节约。所谓辅助生产是指不直接参与生产环节，但为生产提供必需的服务，如仓储、能源供应和零部件传输等。（4）采购成本的节约。（5）充分利用各种融资渠道。

范围经济最早是由蒂斯（D. Tecee，1980）提出的，是和规模经济对应的，建立在多元化经营基础之上的，与多元化经营相联系的概念。钱德勒（Chandler，1999）把范围经济定义为联合生产或经销经济，即利用单一经营单位内的生产或销售过程来生产或销售多于一种产品而产生的经济。范围经济在本质上是对企业现有剩余资源的利用和共享，其成因主要有三个：（1）投入要素具有多重使用价值。可以适应多种产品的生产，从而有利于减少重复投资，降低产品的平均固定成本。（2）充分利用品牌优势和营销网络。企业在长期经营过程中培育的品牌信誉具有扩散效应，经营多个产品，可以共享广告效应和品牌效应。建立了完善的营销网络的企业，利用专销网络销售多种产品，可以降低平均销售成本。（3）效率管理的覆盖面扩大。如果企业的管理者具有丰富的管理经验和很强的管理能力，扩展企业的经营范围，增加其他产品和业务，可以使经营管理者的潜力得到最大限度的发挥，而不必增加新的投入。范围经济的典型案例包括电信公司提供市话服务、长话服务、电信产品，微软公司提供操作系统、办公软件、浏览器服务等，这些多元关联产品的开发和经营降低了每种产品的平均成本，有效获得了范围经济。

由此来看，规模经济和范围经济既是生产要素和经济活动在空间上集聚的结果，也是集聚经济产生的原因。

2.2.2.2　产业集聚的效应：成本效应、协同效应与溢出效应

集聚现象的重要特点之一就是地理集中性，这种产业地理集中能够产生广泛的集聚经济效应，包括成本效应、协同效应与溢出效应。

（1）成本效应。产业集聚能有效地减少企业交易成本。一方面，同一生产链上的大量同类企业或互补企业集聚在一个有限的地理空间内，这种地域上的集中，使当地供应商和客商之间反复交流与合作，其间的交易是一种多重的博弈过程。并且大量企业的集聚使各个企业的有关信息通过各种正式与非正式渠道传播建立起一种长远的经营理念，注重自身的企业形象，大大降低了企业之间的搜寻成本和对方发生机会主义行为的风险，从而降低交易成本。另一方面，集聚区内的企业之间和技术工人之间在复杂的血缘、亲缘和地缘的基础上建立了密切的社会和

私人关系，具有相同或相近的社会文化背景、共同的价值观念，彼此之间可以在相互信任的基础上进行交易和往来，形成了一套默认的交易和行为规则，这样就能够节约合约的拟定、实施成本及签订成本。

（2）协同效应。协同效应是生物界特有的现象。生物之间的共生以及生态系统中许多物种之间都存在的协同效应。1965 年著名的企业战略管理专家安索夫（Ansoff）在《公司战略》中首次将协同概念用于企业战略研究，他认为协同就是使公司的整体效益大于各种独立组成部分总和的效益。日本战略家伊丹广之 1987 年在《启动隐形资产》中指出"协同"就是搭便车，当公司一部分积累的资源可以被同时且无成本地应用于公司其他部分的时候，协同效应就发生了。产业集聚的协同效应主要包括：①公共资源共享效应。共享是协同的一种形式，它不仅仅指共用，还隐含着在共用中提高价值。企业赖以生存和发展的公共资源包括区域性公共设施、政府公共供给品和公共服务供给，这些公共资源的开发和使用具有显著的规模经济效益，产业集聚克服了单个企业在公共资源使用上的不经济现象，取得良好的协同效益。②企业内部资源协同效应。即将企业内部有形或无形的资源协同起来，以实现资源效用最大化，主要包括人力资源、资金、技术和管理的协同等。③组织协同效应。传统的产业组织形式容易带来"大企业病"或过度竞争，而产业集聚能有效克服这些弊端，实现有效性和灵活性的统一。例如，集聚区的一个重要功能就是将价值链上的各个环节有机地联系在一起，使价值链上下游的开发商、供应商、制造商和销售商之间形成一个相互合作、竞争、学习的整体，从而使各个企业、价值创造的各个环节相互协调，使成本不断降低，从而产生更大的效益。

（3）溢出效应。溢出效应是一种外在性效应，主要是指知识溢出效应。这里的知识包括技术知识、需求信息、供给信息和经营经验等，知识溢出效应来源于知识的公共物品性质。在产业集聚的情况下，由于地理接近，企业间密切合作，可以面对面打交道，这样有利于各种新思想、新观念、新技术和新知识的传播，由此可以培养生产要素中劳动力要素对该种产业相关知识与创新的敏感性，形成知识的溢出效应。对企业而言，有两类知识是十分重要的：一是当地供给方面的知识"溢出"，主要来自供应商、合作者、教育和科研机构等；二是需求方面的国家和国际知识转移，主要来自客户、消费者以及国际分销商等。产业集聚不仅可以强化当地知识的溢出效应，而且可以通过各种渠道加快国际知识尤其是对于创造性要求高的产业，如计算机软件、高档服装业、工艺品制造业等，这些产业技艺的技术性与艺术性难以严格区分。此外，产业集聚还可以为企业提供非编码知识和信息的机制，这些知识和技术通常以隐含类、非编码化的形式传播与扩散，通过个人接触和交往或"干中学"而传承。在迅速变化的全球经济环境中，这种隐含的知识越来越重要，而且这样的知识只有通过个体间直接交流才能获得。一般来说，由于存在着不确定性以及研发与生产日益分离的趋势，高新技术企业比传统产业企业更倾向于集聚，例如在美国电脑芯片、生物制药等高新技术产业的创新活动明显比传统产业要多，与此对应，高新技术产业的企业更倾向于以集聚方式存在。世界各地的高新技术产业聚集如雨后春笋般涌现，各国政府也往往对这种基于知识或创新的高新技术产业集聚给予大力支持。

2.3　区位理论与空间经济学

2.3.1　区位决策与区位理论

"区位"一词源于德语"standort"，有的学者认为区位是事物存在的场所；有的学者认为区位是确定某事物活动场所的行为，从这层意义上讲区位具有动词的性质，类似于"空间布局"一词；有的学者认为区位是某事物占据场所的状态，类似于"空间分布"一词。总之，"区位"一词有场所的意思，是一种空间布局状态，是任何经济活动所必须依存的基础。

2.3.1.1　区位决策

区位决策是决策主体（又称区位决策单位）的区位选择过程，但一定的经济空间中各区位的市场、成本、技术、资源约束不同，为追逐最大化经济利益，各决策主体将根据自身的需要和相应的约束条件选择最佳的区位，这就是区位决策。区位决策的结果，或多或少表现为在一定地域资本投入的沉淀。而其效果只能在区位决定后才能反映出来。区位决策过程是一个复杂的经济行为和社会行为过程。

2.3.1.2　区位理论

区位理论是研究经济行为的空间选择及空间内经济活动的组合理论，包括传统区位理论和现代区位理论。

（1）传统的最小费用和最大利润区位理论。传统区域理论主要是运用新古典经济学的抽象方法，分析影响微观区位或厂址选择的各种因素，其研究对象一般是以成本最小或利润最大化为目标，处于完全竞争，市场机制下的抽象的，理想化的单个小厂商及其聚集体——城市。它的发展经历了两个阶段，古典区位理论和近代区位理论。

古典区位理论主要是指杜能（J. H. Thunen）的农业区位论和韦伯的工业区位论，杜能在1826年《孤立国同农业和国民经济的关系》中指出，城市周围土地的利用类型及农业集约化程度都是随其与城市距离的远近而呈带状变化的，由内向外的一系列同心圆，这些同心圆被称为"杜能圈"。每个圈都有自己的主要产品和自己的耕作制度。19世纪中后期，德国完成了产业革命，钢铁、化工等新兴工业部门得到快速发展，工业区问题日益突出，德国经济学家韦伯对工业区位进行了系统研究，并完成了一部区位理论的构造，使古典区位论，特别是工业区位论达到了一个顶峰。

19 世纪末 20 世纪初，区位论的研究逐渐从以成本为重心转向市场，由古典区位理论演变为近代区位理论。近代区位理论立足于一定地区或城市，着眼于成本和运费最低，追求利润的最大化。德国地理学家克里斯泰勒（W. Christaller）1933 年在《德国南部的中心地》中提出了中心地理论，从区位选择的角度阐述了城市和其他级别的中心地等级系统的空间结构理论。中心地理论的核心思想是：城市是中心腹地的服务中心，根据所提供服务的不同档次，各城市之间形成了一种有规则的等级均匀分布关系。

德国经济学家廖什（A. Losch）1940 年在《区位经济学》中，从需求因子出发，对区位选择进行了详细的分析。他认为，最佳区位问题不能只考虑单个厂商。还要考虑到厂商之间相互依存的关系，正确的区位是纯利润最大的地点，那影响区位的因子不仅包括费用因子，也包括收益因子。

（2）现代区位理论与区域经济学。从 20 世纪 20 年代起，资本主义高度发达的国家和地区几乎同时陷入了结构性危机，后来地区性的经济危机演变成了全球性的经济危机，地区间的两极分化加剧。为了缓和地区性结构矛盾，各国都开始注重区域经济发展问题，对区位理论的研究进入了一个高潮。

瑞典经济学家帕兰德（T. Palander）对工厂区位和市场区域进行了研究，他是第一位论及市场地区范围问题的经济学家，美国学者胡弗（E. Hoover）从历史的角度叙述了不同经济发展阶段的区位结构，他还以函数的形式来表达区位布局问题。

第二次世界大战后，区位论学者、区域经济学者和人文地理学者进行了广泛的合作，促进了区域理论的进一步发展，这一时期的研究从单个厂商的区位决策发展到地区总体经济结构及其模型的研究，从抽象的纯理论模型的推导变为建立力求接近区域实际的、可应用的区域模型。经过 20 多年的研究和发展，逐步形成了有别于传统区位理论的空间区位理论和方法，即现代区位理论。

现代区位理论的形成，以艾萨德（W. Isard）的《区位与空间经济》和贝克曼（M. Beckman）的《区位理论》的发表为标志。现代区位理论大致分为五大学派，包括成本市场学派、行为学派、社会学派、历史学派以及计量学派。第二次世界大战以后，现代区位理论吸取了凯恩斯经济理论、地理学、人口学、社会学和经济学等许多学科的研究成果及计量革命所产生的新思想，对国家范围和区域范围的经济条件和自然条件，经济规划和经济政策，区域人口、教育、技术水平、消费水平等进行了宏观的、动态的和综合的分析研究，最后形成了经济学的一门新分支区域经济学。

区位论的着眼点是如何为区域空间中的经济客体寻求最佳的立地位置，在区位理论的基础上，空间结构理论应运而生，它研究各种客体在空间中的相互作用及相互关系。

2.3.2　区域经济空间结构理论一：增长极理论

增长极理论最初由法国经济学家佩鲁（Francois Perroux）提出，后来布代维尔（F. B. Boudeville）、弗里德曼（John Friedman）、缪尔达尔（Gunnar Myrdal）、赫希曼（A. O. Hischman）分别在不同程度上进一步丰富和发展了这一理论。增长极理论认为，一个国家要实现平衡发展只是一种理想，在现实中是不可能的，经济增长通常是从一个或数个增长中心逐渐向其他部门或地区传导，因此应选择特定的地理空间作为增长极，以带动经济发展。增长极理论非常重视创新和推进型企业的重要作用，鼓励技术革新，符合社会进步的动态趋势。

增长极理论也有其缺陷。由于积累性因果循环的作用，增长极的出现对周围地区会产生两方面的影响：一是回波效应。即出现发达地区越来越发达，不发达地区越来越落后，经济不平衡状态越来越突出，甚至形成一个国家内地理上的二元经济局面。二是扩散效应。即通过增长极带动周边落后地区经济迅速发展，从而逐步缩小与先进地区的差距。如果增长极的扩散效应大于回波效应，就会带动周边地区经济共同发展。然而，由于积累性、因果循环的关系，回波效应往往大于扩散效应，导致增长极地区越来越发达，周边地区越来越落后，形成地理空间上的二元经济，是地区经济差距扩大，甚至形成独立于周边地区的飞地。

2.3.3　区域经济空间结构理论二——核心—边缘理论

核心–边缘理论又称为中心—外围理论或中心—边缘理论，由弗里德曼（J. R. Fridman）于1966年在区域发展政策中提出。弗里德曼认为发展起源于区域内少数变革中心，他将这个变革中心称作核心区，而将核心区以外的地区称作边缘区，核心区与边缘区相互依存，构成了一个完整的空间系统。

弗里德曼指出，核心区对创新的潜在需求使创新不断的在该地区出现。同时，在核心区的强化过程中，通过六种自我强化反馈效应，加强了其对边缘区的支配地位。这六种自我强化反馈效应分别是支配效应、信息效应、心理效应、现代化效应、连接效应和生产效应。

弗里德曼还将以上经济发展特征与经济发展阶段联系起来。他认为区域经济发展经历了四个阶段，相应的空间组织也表现为四种形式：①工业化前期阶段。这一阶段资源要素较少流动，区域之间彼此孤立，缺乏相互之间的联系。②工业化起始阶段。这一阶段，边缘区的资源要素大量流入核心区，与边缘区经济发展的差距拉大。③工业化成熟阶段。这一阶段，核心区的要素开始向边缘区扩散，边缘区开始出现次中心，核心区与边缘区差距开始缩小。④后工业化阶段。这一阶段资源要素在整个区域内全方位流动，边远地区的次中心发展到与原中心相等的规模，区域非均衡因此缩小，边缘区消失乃至区域空间出现一体化。

2.3.4　区域经济空间结构理论三：空间竞争均衡与扩散理论

空间作为一种稀缺资源，不同的经济行为主体对其进行争夺是市场经济规律的必然结果，1929 年霍特林（Harold Hotelling，1929）提出了线性城市模型，该模型成为现代空间竞争理论的一个重要逻辑起点，他研究了在线性城市假设下，两厂商的空间竞争与空间选址问题。他认为，两个厂商均有向中心靠近以扩大市场范围的激励，最后结果是两个厂商均定位于中心点附近。

空间竞争包括内部空间竞争和外部空间竞争，内部空间竞争是个体空间竞争，主要是个体或群体对地点和利益的空间竞争。外部空间竞争，是一种辖区竞争，会产生两种相反的结果，一是增强区域的极化能力和空间自我强化能力，推动区域在国家经济中的竞争力、位次与空间等级；二是弱化区域的综合竞争力，导致经济位次和空间等级的倒退，形成区域竞争中的"矮化发展"现象。

空间竞争的发展通常要经历五个阶段：高壁垒阶段、不完全竞争阶段、自由竞争阶段、区域空间一体化阶段和动态最优阶段。动态最优阶段是空间资源配置的高级阶段，区域空间结构能够自动协调和自动修复，对于某一个要素的变动，其他要素能够实现自动响应，并调整到新的最佳平衡状态，对于整个区域空间系统而言，能够获得最大的区域协同效应，这是区域空间结构的一种理想状态。

2.4　区域创新理论

2.4.1　区域创新与区域创新系统

1912 年，熊彼特（J. A. Schumpeter）在《经济发展理论》中提出了"创新理论"。他认为创新就是把一种从来没有过的关于生产要素和生产条件的新组合引入生产体系，这里的创新是一个经济概念，而不是一个纯技术概念。我国学者冯之浚教授认为，创新是指从新思想的产生，到产品设计、试制、生产、营销和市场化的一系列活动，也是知识的创造、转化和应用的过程，其实质是新技术的产生和商业应用。它既包括技术创新，又包括管理创新、组织创新和服务领域的创新。可见，创新是一个综合过程，创新实现需要成本，也具有一定风险。

创新活动是一种社会化活动，区域创新正是通过区域内企业的地理邻近和地方联系来获得创新能力，区域创新在20世纪中后期就已经引起了人们的关注，一般认为，区域创新系统是由一个区域内参加新技术发展和扩散的企业、大学及研究机构，中介服务机构以及政府组成的，为创造、储备、使用和转让知识技能和新产品的相互作用的网络系统。其实质是通过系统内各要素的互动作用，推动该地区以市场为基础的知识和人才、资源流动、技术扩散和产业群活动，不断采用新工艺、催生新产品，并取得巨大投资回报率，有效地实现创新目标。

区域创新系统的建立是一个渐进的过程，可以分为创立阶段、成长阶段和成熟阶段三个阶段。①创立阶段的区域创新系统处于构建时期，其组成部分并不完整，系统的建立要靠政府来推动，企业和科研院所虽然进入到创新领域中来，但其科研开发力量仍是分散的、无序的。合作开发是脆弱的，随机的市场的作用还很不明显，中介机构还不健全，这个阶段创新是关键，而且制度创新优于技术创新。②成长阶段开始由政府单独推动技术逐步转变为由市场多元主体共同推动，科研院所、大学与企业之间的联系在市场的作用下进一步加强；中介机构得到较大发展；企业与区域创新系统的实力得到增强，新产品不断涌现，自主创新能力得到提高；逐步重视企业和区域的形象建设和营销活动；区域经济得到较快发展，市场和政府共同推动区域创新系统的建设。③成熟阶段的区域创新系统基本上能适应社会需求，创新系统对外输出份额较大，政府的作用退居次要地位，主要由市场来组织、调整、配置创新资源。

中介机构十分发达，区域创新系统中的制度创新，技术创新，形象创新和营销创新相互促进。

2.4.2 区域创新机制

在一定地域范围内，邻近的区域创新各主体相互间有其内在的作用机制。一般包括学习机制、扩散机制和竞争与合作机制。

（1）学习机制。学习是一个微观过程，有个体和组织去完成，阿罗（K. J. Arrow）认为，知识或技术是通过学习获得的，学习是经验的产物，学习发生在人们解决问题的过程中。学习是一个动态过程，在这个过程中始终会出现搜寻，探索和选择活动。同时学习过程也是一个持续的过程，这个过程需要企业通过干中学、用中学、试中学、交互学习、销售中学习、雇佣中学习等方式学习企业的特殊知识、隐性知识、关系知识和本土知识等。

（2）扩散机制。扩散机制是区域创新的一个基本问题，许多创新需要一个漫长的过程才会被广泛接受，因此，人们面临的一个重要问题是如何加快一项创新的传播速度。扩散是创新，经过一段时间，经由特定的渠道，在某一社会系统的成员中传播的过程。创新扩散具有动态性。表现在以下三个方面：首先是被采纳创新的个体或单位的数目随时间不断变化，这个时间创新采用者的积累数量表现为 S 形曲线；其次是再发明。即一个用户在采用或实施一项创新时创新发生变化和被改变的程度，这也表明创新在扩散过程中并不是一成不变的；最后是扩散的机制。一般认为，创新的扩散之所以表现为 S 形曲线，在于创新在采用者中传播的两个机制，技术替代和流行效应，两者都强调学习和信息的作用。创新扩散对区域创新的政策意义，一方面区域创新依赖于创新扩散，地方为了加速灵活地对各种知识和创新做出反应，必须建立便捷快速的创新扩散通道和创新识别机制。另一方面为加速创新扩散，区域必须完善基础设施、加强正式或非正式交流与合作等。

（3）竞争与合作机制。竞争是指经济主体在市场上实现自身的经济利益和既定目标而不断进行的角逐过程。竞争是市场经济的基本特征，没有竞争就无法实现资源的合理配置。然而，随着市场的发育和企业的日趋成熟，一味地对抗竞争并不总能如愿以偿，有时会有较大风险。因此，企业不得不重新认识竞争，对抗竞争逐渐演化为合作竞争。合作竞争只是基于差异和互补的存在，企业为增强各自竞争优势，而采取了与竞争对手暂时妥协的行为，是一种更高层次的竞争。

2.4.3 区域创新理论模式

在各种创新机制下，各创新主体交互作用，形成了较为典型的区域创新理论模式：三重螺旋理论模式、企业群理论模式和网络理论模式。

（1）三重螺旋理论模式。三重螺旋理论是由埃兹科维茨（H. Etzkowitz）提出来的，主要用来描述产业界、学术界和政府三者之间交互缠结，协同进化发展的关系。三重螺旋理论的产生是理论和实践发展的必然产物，三重螺旋理论的重点包括学术界、产业界和政府三者各自功能的分化和整合，组织之间跨制度界限的交换，有间接交易转化为联系网关系，形成了各种新组织合作形式，政府对学术界资助方式发生改变，世界各国政府一般不再对大学的活动经费进行全额资助，而只提供部分。这就迫使科学家和技术人员走到了一起，政府也只通过中介机构来间接地促进学术界和产业界合作。三重螺旋理论具有竞争优势，节约交易成本，实现动态协同效应，在现实中有较多的应用。

三重螺旋理论的主体包括企业、学术界和政府，其中企业是区域创新的主体，是三重螺旋理论中最为关键的一极。企业与学术界的合作，扩大了企业的视野，节约了企业的研发成本，最重要的是获得了企业想要的科研成果，不同主体的交流，使企业能够直接应用的知识越来越多。大学是基础知识和科研活动成果的提供者、人力资源的发展和培训者。政府的公共性和服务性决定，政府只是三重螺旋中的合作伙伴、协调者，只关心知识的生产及其在生产领域最大限度的利用，最终实现了产业界和学术界的战略协同。

（2）企业群理论。大部分研究者认为企业群有七个基本特征。第一，企业、教育和研究机构、金融和其他商业机构的地理邻近性，提高了创新过程的有效性。但企业群彼此独立，按照市场原则进行产品交易，而不是像企业集团的母子公司之间的关系；第二，经济代理人之间存在着多层次、多方向的联系，这种联系以产品信息和人员的市场及非市场交流为基础，这意味着企业家的关系可以是正式的契约关系，也可以是非正式的契约关系；第三，企业之间具有共同的文化和社会背景，这保证了他们之间的理解和信任，同时，他们在互动的过程中创造了自己的隐性知识。这些隐性知识是区域创新和竞争优势的一部分；第四，具有支撑企业群的公共和私人地方机构组织，并且区域中企业和支撑技术及商业基础设施的关系越紧密，对创新和企业群增长的刺激越大；第五，企业群是演化的，企业群的演化性与企业的演化性相关，企业要进行学习、适应、探索、变异、选择等，正是这种演化性保证了企业和企业群的动态性、灵活性和活力；第六，企业之间存在着极强的学习效应，他把企业紧紧联系在一起；第七，企业群越大，自给自足的水平就越高，越没有必要向外部企业购买核心功能，即利益更少向企业群以外渗漏。

企业群模式是区域创新的一种发展模式，主要依据在于企业通过集群形式来得到不能从一般交易中得到的知识溢出。也就是说，隐性知识使企业等机构的空间临近性异常重要，即使在现代信息通信技术高度发达的情况下也是如此。企业群的成功运行需要一定的条件和环境，如信任、人力资源、区域创新基础设施和创新资源，区域制度环境等。

（3）网络理论。网络创新的网络模式是对区域中各创新主体之间复杂的交互作用，特别是企业间关系的一种形象描述，不同领域的学者对区域创新网络内涵，区域网络的演化规律，网络的优劣势等理论进行了分析。

区域创新网络是一定地域范围内各主体相互合作的一种组织模式，正式或非正式合作网络，有利于传递和扩散意会知识，推动人力资本和知识产生的社会化过程，提高知识创新速率，有效的保持与增强区域的竞争优势。

2.5　组织生态理论

2.5.1　生态的视角

自 20 世纪 70 年代，人们逐渐意识到自然生态系统解决复杂性问题的能力和经验值得好好学习和借鉴。生态学知识可以为人类解决经济系统的问题提供一个方向。生态学是研究生物与其环境相互关系的科学。自然界中的生物的生活环境很广泛、很复杂，环绕地球的一切自然现象都可能成为影响生物生存的环境因子。生态学的研究方法就是将研究对象作为一个系统，研究这个系统与环境之间的相互关系。生态学的这种研究方法具有普遍意义，主要体现在以下三个方面：

第一，生态学研究的对象是复杂系统。组成系统的元素和成员为数众多；系统内部元素或子系统总是在发生交互作用，并且系统与环境之间相互影响，使得系统呈现出复杂的功能或特性。

第二，生态学研究的系统规律往往具有不确定性。未来的系统的运行方向基本上是基于系统过去演化轨迹和目前的系统状态，结合当前的环境条件和环境变化因素来调整系统演化方向。

第三，生态学研究的系统往往是非线性系统，系统内各部分之间的相互作用，使得系统的整体功能不能成为各部分功能的简单加和；并且微小的作用在非线性系统中有可能放大成为巨大的影响。对于非线性系统的分析必须是在总体上才能表现出的综合功能特性的分析。

生态学的研究方法和研究成果对于具有类似复杂系统研究对象的学科而言具有指导意义，正因为如此，许多学科借鉴生态学的研究方法开展本学科的研究工作，从而形成了交叉学科，比如语言生态学、景观生态学、产业生态学、组织生态学等。

2.5.2　组织生态学

目前，生态学方法在管理学科中运用较为成功的成果之一是组织生态学。组织生态学借鉴生态学的研究方法，建立了组织在与环境的相互作用过程中的关于组织行为、组织结构以及组织演化等方面的理论学说，并获得了大量创新性的研究成果。

组织生态学研究的核心问题是组织的异质性和组织之间的替代。它主要关注的不是组织发展的结果，而是组织发展过程的选择，即"一些组织组成的一种形式何以被另外一种组织形式替代的变化"。

将达尔文的生物进化论思想系统运用于组织研究，是始于 20 世纪 70 年代末 80 年代初，其代表人物是汉南（Hannan）和弗里曼（Free-man）。二人在综合有关组织生态学论述的基础上，提出了完整的组织生态概念和研究框架，建立了可以衡量企业个体成长、变迁和演替的数学模型。汉南和弗里曼认为，企业变迁和环境选择是种群演化的主要路径，种群密度与企业死亡率有直接的关系，而影响企业分类和种群密度的关键要素是技术和制度。他们系统地将生物进化与生态学的原理运用于组织问题研究，详细论述了组织与环境关系的"适应性理论"，并提出了"组织种群"的概念，初步提出了组织种群的生态模型，对"竞争理论""组织生态位理论"也作了阐述。1989 年，汉南和弗里曼合著《组织生态学》出版，对早期组织生态学的理论研究成果进行了系统总结。

1988 年，卡罗尔（Carroll）主编的《组织生态模型》（*Ecological Models of Organizations*）收纳了 12 篇文章，提出了"存活率"的概念；

还提出了在组织中的许多选择的过程实质是采用社会的、文化的、制度的标准的观点。1992年汉南和卡罗尔出版的《组织种群动力学：密度、合法化与竞争》，对组织种群动力学进行了系统研究，并进行了实证与模拟分析，确定了组织出生率和死亡率，从而确定组织种群生长规律的定量表达。

保罗·霍肯（Paul Hawken）在其著作《商业生态学：可持续发展的宣言》中，利用生态思想系统探讨了商业活动与环境问题的相互关系，并指出环境保护问题的关键是设计而非管理问题，创造一个可持续发展的商业模式才是企业唯一的真正出路。

1996年，塔恩·森（Tan Sen）等完成了《企业生态学专论》，将自然生态系统原理应用于人类组织活动，所涉及的对象包括工业部门、学术领域和政府机构，研究的目的是环境资源的可持续性和保护问题。

1999年詹姆斯·摩尔（James F. Moore）在《竞争的衰亡》（*The Death of Competition*）一书中对企业生态系统（business ecosytem）进行了生动的描述，指出在当今产业界线日益模糊情况下，企业不能把自己看作单个企业或扩展的企业，而应该把自己看作一个企业生态系统的成员，这个系统对顾客输出有价值的产品或服务，其成员有供应商、生产商、竞争者和其他利益相关方。在这个系统中，企业的投资和回报，建立在生态系统的效益递增经济原理之上。詹姆斯·摩尔还提出了企业生态系统合作演化（business ecosytem coevolution）理论，一个企业生态系统合作演化经历四个阶段：开拓（pioneering）、扩展（expansion）、权威（authority）、重振或死亡（renewal or death）。管理一个企业生态系统要考虑七个维度：顾客、市场、产品或服务、经营过程、组织、利益相关方、社会价值和政府政策。在合作演化的每一个阶段，管理者可从这七个方面根据各阶段的主要任务和挑战的特征进行管理，以最终达到在成功的企业生态系统中取得领导地位的目的。

1997年布达佩斯俱乐部创始人欧文·拉兹洛（Ervin Laszlo，1997）在其著作《管理的新思想》中指出，在今天动荡变革的时代，整个商务世界正以前所未有的速度向全球方向进化，新产品和新技术以前所未有的速度加快其更新换代的步伐，企业正面临来自生态环境和社会环境，以及适应消费者价值观念变化的严峻挑战。基于此，作者从组织原则、战略原则、经营原则三个方面提出了进化管理的 18 项原则。拉兹洛认为，为了企业的长期生存，企业必须与整个行业系统，包括供应商、分销商、转包人、直接和间接的竞争对手等共同进化和发展。企业长期生存与它所处的行业系统的整个发展水平正在发生着日益密切的联系。建立共同进化的战略合作伙伴的目的不仅仅是传统意义上的风险共担，况且这种战略伙伴也不仅仅限制在本行业内，他们包括从长远利益和大局考虑所创建的提供可持续赢利机会的各种新的战略联盟。这种联盟包括当地的社团组织、其他行业组织、公共机构等。企业的未来日益与更加广泛的社会和生态环境的未来息息相关，只有通过资源和责任的共享，才能维持企业可持续的赢利发展。

1998 年肯·巴斯金（Ken Baskin）发表新著《公司 DNA：来自生物的启示》提出了"市场生态"的概念，将自然科学的一些最新见解以及关于动荡和复杂问题的最新研究成果融入现实战略管理中，强调忘掉公司再造，把注意力放在公司 DNA 上，他不仅关系到生物的生存，也关系到整个企业的未来。作者通过绘制生态图剖析了个人电脑市场生态进化的过程，以及如何创建有机公司与市场生态协同进化。

1998 年理查德·达夫（Richard L. Daft）在其著作《组织理论与设计精要》中利用种群生态学的概念论述了有关组织间冲突与协作，组织生态系统演化等新的观点和方法，从而拓展了原有组织理论的固有疆界。

2000 年卡罗尔与汉南再度合作出版了《公司与产业的人口统计学》借鉴人口统计学的方法深化了组织生态学的研究。2002 年鲍姆（Baum）出版《组织指南》，按照组织内、组织和组织间三个层次对组织生态学研究的成果进行全面系统的总结和分析，并提出了未来的研究方向。

2003 年约翰·奥里科（Johan C. Aurik）等人出版《重建企业基因组—释放您企业的真正价值》，（*Rebuiding the Corporate Genome—Unlocking the Real Value of Your Business*），作者根据科尔尼管理顾问公司承担的项目，描述了企业正在被分解为越来越小的业务单元，并指出这一趋势对企业管理者的启示。作者大胆指出未来只有两种企业存在：一种是价值链的某个环节上，及企业基因层面上，具有最佳能力的企业；一种是具有将这些最佳能力进行最优组合的能力的企业。

综上，20 世纪 70 年代以来组织生态理论的研究快速发展，研究范围逐渐扩大，研究领域逐步扩展，研究的深度与水平日益提高。该理论注重在横向某一时点后时段从群体角度探讨组织特性与环境的关系，为组织生态理论的纵向进化研究奠定了认识论基础。

2.5.3 组织生态位

随着对组织生态研究的深入，基于任何组织都必须依赖的外部环境所提供的资源条件而生存的这一客观现实，西方组织生态学出现了一个新的领域，即运用"生态位"概念对组织经营进行分析、研究。

2.5.4 产业生态学

产业生态学可以看作一门研究产业与产业以及产业与环境之间相互作用关系的学科。它要求人们不是孤立而是协调地看待产业系统与其周围环境的关系，提倡从产品全生命周期——原材料准备、产品加工、产品使用、废物管理——对流经社会经济系统的物质和能量加以优化利用。产业生态学作为生态学领域的新兴学科分支，其确立还不到 30 年的时间，但发展迅速且前景广阔。

2.5.4.1 产业生态学历史渊源

国际产业生态学会（International Society for Industrial Ecology）将产

业生态学的学科发端归属于 1989 年发表在《科学美国人》上的文章"制造业的策略"。该文作者美国通用汽车实验室的罗伯特·福罗什（Robert Frosch）和尼古拉斯·加罗布劳斯（Nicolas Gallopoulos）在文中指出，"在传统的工业体系中，每一道制造工序都独立于其他工序，消耗原料、产出将销售的产品和将堆积起来的废料；我们完全可以运用一种更为一体化的生产方式来代替这种过于简单化的传统生产方式，那就是工业生态系统……"。

事实上，产业生态学的思想和术语的诞生早于该文。追根溯源，产业生态学的学科起源主要有两大脉络。第一大发端是工业代谢以及后来内涵更为扩展的社会经济代谢。所谓工业代谢，是指在稳态条件下将原材料、能源和人类劳动转变为最终产品和废弃物的物理过程的集合，实质是指运用物质和能量守恒原理来对工业系统的物质/能量的流动和存储进行输入、输出和路径分析，旨在揭示工业活动所涉及的物质/能量的规模与结构，提供给我们关于工业系统运行过程和机制的一个整体图景和理解。描述能量物质守恒的热力学第一定律是伴随着工业革命逐渐明晰确立的，利用守恒定律开展工业过程的分析、设计和优化也是顺理成章的事情。随着工业规模的不断扩大尤其是第二次世界大战后现代化工业的迅速崛起，工业生产与资源环境的矛盾越发突出，在探究环境污染成因的过程中，人们逐渐认识到物质和能量守恒定律有助于定量化揭示工业环境污染的历史与变化过程。例如通过进行氮元素的代谢分析可以考察水体富营养化问题的根源，通过镉元素的代谢分析可以追踪莱茵河流域镉污染的来源及路径等。基于对工业系统中特定元素或物质的追踪考察，罗伯特·艾尔斯（Robert Ayres）等人提出了工业代谢的概念。在经历一段时间的研究积累后，国际产业生态学会第一任主席、耶鲁大学教授托马斯·格拉德尔（Thomas Gradel）在 2000 年前后提出了存量与流量（stock and flow，STAF）框架将元素流分析逐渐标准化，形成了针对单一物质的物质流分析方法体系。另外，人们也注意到城市、区域、流域甚至国家物质代谢的重要性，针对区域经济系统也形成了类似的物质代谢方法。这两大类方法最终拓展成为社会经济代谢的全谱系。

产业生态学的第二大发端是对产业共生现象的观察以及对工业生态系统与自然生态系统的类比。工业大发展导致工业废弃物在种类上的急剧增加和规模上的迅速扩大，废物的综合利用和循环利用成为工业发展必须解决的重要问题，不同工业和企业之间的联系因为废物交换的行为而密切起来，这些现象颇类似于自然生态中的共生行为，因此产业共生在这个过程中逐渐显化出来。1989年，丹麦卡伦堡产业共生体系如童话般地被发现，终于引发了产业生态学领域的大讨论，并进一步从产业共生延伸到产业生态学与自然生态学的全面类比。个体、种群、群落和生态系统等不同尺度上的对比与隐喻为产业生态学的诞生和发展提供了直接的洞察和方向指引。

1989年《科学美国人》上美国人所公认的奠基之作发表后，产业生态学由学科发展的自发阶段转入自觉阶段。1991年，美国国家科学院召开产业生态学专题研讨会，并于1992年在《美国国家科学院院刊》上组织了一期专刊讨论产业生态学的概念、工具与发展方向。其后，美国可持续发展委员会开始了生态工业园区的建设试点。1995年，格雷德尔（T. E. Graedel）和艾伯比（B. R. Allenby）出版了第一本教科书。1997年，《产业生态学杂志》作为产业生态学领域的专业杂志正式创刊。1998年，产业生态学领域召开了第一次高登研究会议，此后每两年举办一次，历届研讨主题见表2-1。

表2-1　　　　　　　　　历届产业生态学高登研究会议

届次	召开年份	召开地点	大会主题
第一届	1998	美国新伦敦	无
第二届	2000	美国新伦敦	无
第三届	2002	美国新伦敦	无
第四届	2004	英国牛津	主要技术转型
第五届	2006	英国牛津	无

续表

届次	召开年份	召开地点	大会主题
第六届	2008	美国新伦敦	转变能源、材料、水、废弃物的使用模式
第七届	2010	美国新伦敦	从分析到设计
第八届	2012	瑞士莱迪亚布勒雷	产业生态学对解决迫在眉睫可持续发展问题的作用
第九届	2014	意大利卢卡	转变产业代谢
第十届	2016	美国斯托	关键十年的机会——将福利与环境压力和影响脱钩

资料来源：http：//www. grc. org/conferences. aspx？id = 0000386。

2.5.4.2　国际产业生态学会成立及其发展

2000 年，国际产业生态学学会（ISIE）成立，这是产业生态学发展的里程碑事件。2001 年，第一届产业生态学国际大会在荷兰召开，其后每两年举办一次，历届大会举办地点和主题见表 2 - 2。

表 2 - 2　　　　　　　历届产业生态学会国际大会

届次	召开年份	召开地点	大会主题
第一届	2001	荷兰莱顿	产业生态学的科学和文化
第二届	2003	美国安娜堡	可持续交通与可持续消费
第三届	2005	瑞典斯德哥尔摩	为可持续未来的产业生态学
第四届	2007	加拿大多伦多	为可持续未来的产业生态学
第五届	2009	葡萄牙的里斯本	向可持续性的转变
第六届	2011	美国伯克利	科学、系统和可持续性
第七届	2013	韩国的蔚山	产业生态学：绿色经济的策略
第八届	2015	英国萨里	盘点产业生态学
第九届	2017	意大利卢卡	支持可持续及弹性社区的科学

资料来源：http：//www. is4ie. org/pastevents。

在 2007 年前后，产业生态学在学科内部开始出现社群化的现象，至今成立了生态工业发展、社会经济代谢、可持续城市系统、可持续消费与生产、环境投入产出分析和生命周期评价共 6 个分会。这些分会都会不定期举办研讨会等活动。同时，区域性会议或国家性组织也开始出现。2008 年，以日本、韩国和中国代表的群体召开了第一届产业生态学亚太地区会议，此后每两年召开一次。2018 年的亚太会议将于中国举办，见表 2 - 3。

表 2 - 3　　　　　　　历届国际产业生态学会亚太地区会议

届次	召开年份	召开地点	大会主题
第一届	2008	日本川崎	环境创新的可持续管理，理论与实践之间的共生
第二届	2010	日本东京	加强亚太地区的产业生态学
第三届	2012	中国北京	亚太地区走向生态工业发展
第四届	2014	澳大利亚墨尔本	亚太世纪的产业生态学：建立可持续产业系统和人类住区的交叉科学
第五届	2016	日本名古屋	无
第六届	2018	中国青岛	待定

2.5.4.3　中国产业生态学的起源

与西方类似，我国产业生态学的发端也是与现代工业体系的建设和发展密切相关的。1949 年中华人民共和国成立后，新中国迅速启动了现代工业体系的建设，但对于环境问题的关注则迟至 20 世纪 70 年代。1972 年，我国派代表参加了在瑞典举行的人类环境大会，开始意识到社会主义建设也会产生环境问题。1978 年，我国制订了环境保护基本法。其后，陆续确立了老三项和新五项环境保护制度，开始制度化推动末端治理、无废工艺和清洁生产的发展。

在对工业环境问题进行治理的思考过程中，我国生态学学科的奠基人马世骏先生在 1983 年前后明确提出了经济生态学的概念，他认为经济生态学是经济学和生态学相互渗透所形成的边缘学科，既需要用经济学的观点和方法论研究生态学问题，也需要研究经济高速发展过程中所出现的生态学问题，同时还需要把经济学原则和生态学原则结合起来，构成经济生态学原则，作为工农业建设等应遵循的原则。其后，马世骏和王如松等在经济生态学的基础上明确提出了产业生态学的定义，这一概念与此前他们所提出的人工复合生态系统、生态工程等一同构成了产业生态学的哲学思考及理论框架体系。这一体系带有明显的中国传统哲学色彩，致力于从"天人合一"的中国哲学传统去阐释产业生态学的内涵，并从中梳理出桑基鱼塘农业生态体系、无废工艺工业生态体系和城市生态体系等。

在环境、冶金、化学和材料等诸多工程学科领域，产业生态学的理念也悄然生根发芽。1992 年里约联合国环境与发展大会之后，清华大学钱易就开始推进可持续发展的相关研究。1997 年，中国环境与发展国际合作委员会成立了清洁生产工作组以及其后的循环经济课题组，先后邀请了国家清洁生产中心段宁、东北大学陆钟武、同济大学诸大建等中外专家对清洁生产、生态工业和循环经济展开了系统探讨和政策研究。陆钟武在冶金工程研究中认识到需要站在工业系统高度上寻求冶金与环境的平衡之道，从而明确提出了工业生态学的学科发展思路，并直接推动建设了我国产业生态学领域的第一个省部级重点实验室，国家环境保护生态工业重点实验室。清华大学金涌、中国科学院过程工程研究所张懿以及北京工业大学左铁镛等也分别从化工、冶金和材料等学科的角度倡导和引领了产业生态学的发展，为我国产业生态学学科做出了重要贡献。

同时，我国产业生态学的发展也有着苏联的烙印。我国早期的工业化实践基本是在学习借鉴苏联的发展模式。清华大学席德立从苏联留学经历中得到启发，于 1990 年出版了《无废工艺——工业发展的新模式》，首次提到工业生态学，并系统阐述了产业生态学的内涵，根据工业本身的功能从工业生产和环境关系的角度考察了自产业革命以来工业发展的三种模式，指出采用无废工艺乃是工业发展的最新模式，是谋求合理利用自然资源和有效保护环境的根本措施。值得注意的是，该书中提到的无废工业园区实际上就是当前的生态工业园区。

可以看出，我国产业生态学的起源带有显著的多源性，既有着强烈的中国传统哲学的色彩，更有着扎根于各行各业工程学科的独立思考，也有着苏联传统的烙印。

2.5.4.4　中国产业生态学的发展

学科的发展往往与其研究对象存在着协同演进的关系。2000 年前后，我国在历经 20 余年改革开放后，已经确立了工业的主导地位，以开发区/高新区为代表的工业园区发展体系已经成形，同时也痛感工业发展所带来的资源环境问题。例如，我国环保部门在当时发展形势下提出了 2000 年"零点行动"和"一控双达标计划"。我国决策部门已经开始认识到应从工业发展模式的高度来审视工业发展所带来的资源环境问题，这就需要新的视角、理论和政策体系来支撑。在这种背景下，产业生态学就成为我国学术界、政界和实业界的共同选择。

同时，对西方学科发展的吸收和借鉴大大加速了产业生态学在我国的发展进程。1993 年，耶鲁大学格雷德尔（Graedel）等发表在 IEEE 技术与社会（IEEE Technology and Society）上的文章被翻译成中文，系统介绍了产业生态学的定义及发展历程。1996 年，《产业与环境》中文版有多篇文章介绍了产业生态学在西方的发展，包括"产业生态学：私有部门的新机会"和"创造工业生态系统：一种可行的管理战略？"。1997 年，《产业生态学杂志》创刊，其后不久就推出了中文摘要。1998 年，杨建新和王如松发表《产业生态学的回顾与展望》，系统介绍了产业生态学的早期历程及其西方进展。1999 年，苏伦·埃尔克曼（Suren Erkman）科普著作《产业生态学》中文版出版。2004 年，世界上第一本《产业生态学》教材由施涵翻译成中文出版。这些著作资料对于我国产业生态学的发展起到了积极的作用。

在学科教育方面，2002 年清华大学和东北大学等高校首次在本科或研究生层面开设了产业生态学的专门课程。2004 年，耶鲁大学在鲁斯（Luce）基金支持下与清华大学联合举办了产业生态学教育研讨班，共有来自 20 余所高校的 40 多名学员参加。其后，更多高校纷纷开设产业生态学课程，据不完全统计，开设产业生态学及相关课程的高校至今超过 30 余所。更进一步，东北大学于 2012 年依托"动力工程及工程热物理""冶金工程"和"管理科学与工程"三个一级学科自主设置了工业生态学的交叉学科博士点和硕士点。2012 年前后，教育部批准设立了资源循环科学与工程专业，至今已经有 20 余所高校开设了该专业。

在组织机构建设方面，2001 年清华大学化学工程系在国内率先成立了生态工业研究中心。2002 年，由东北大学、中国环科院和清华大学共同成立了国家环境保护生态工业重点实验室。其后，大连理工大学、北京工业大学、北京科技大学、中国科学院生态环境研究中心、中国科学院过程工程研究所、中国科学院城市环境研究所和中国科学院沈阳应用生态研究所等也陆续成立了相关的研究机构或研究组。2006 年，中国生态经济学会工业生态经济与技术专业委员会成立，并于当年在清华大学召开了产业生态学会议，其后该会议变成年会每年召开，迄今已经召开了 12 届，见表 2 - 4。

表 2 - 4　　历届中国生态经济学会工业生态经济与技术专业委员会年会

届次	召开年份	召开地点	大会主题
第一届	2006	清华大学	生态工业工程与循环经济
第二届	2007	南京大学	技术创新与发展循环经济
第三届	2008	武汉大学	生态产业·循环经济与"两型"社会建设
第四届	2009	中国科学院沈阳应用研究所沈阳农业大学	生态工业、循环经济和生态环境建设
第五届	2010	天津理工大学	循环·绿色·低碳与生态工业发展

续表

届次	召开年份	召开地点	大会主题
第六届	2011	山西大学	资源·循环·低碳·绿色·可持续发展
第七届	2012	中国科学院过程科学研究所	绿色过程·循环型生产·循环型社会
第八届	2013	北京大学	技术创新推动资源循环，经济转型促进生态文明
第九届	2014	华南理工大学	协同创新技术推动蓝色海洋经济，钢铁石化产业循环促进生态文明建设
第十届	2015	福州大学	生态工业提升中国制造，循环经济推进"一带一路"
第十一届	2016	武汉循环经济研究院华中科技大学	绿色制造
第十二届	2017	安徽理工大学	循环经济生态文明建设

2014 年，中国环境科学学会生态产业分会获批成立。2015 年，在第八届产业生态学国际大会召开之际，参会的近 80 名海内外华人在历经两年的酝酿之后成立了华人产业生态学会（Chinese Society for Industrial Ecology，CSIE）。2016 年，在第 15 届生态学大会上首次召集举办了产业生态学专题研讨会，旨在筹备成立生态学会产业生态专业委员会。由此，产业生态学在国内全面进入组织化推动发展阶段。

可以看出，在进入 21 世纪后，中国产业生态学的发展深受西方的影响，开始建立较为系统的教育、研究和组织体系。在这个过程中，国际产业生态学学会和耶鲁大学对于中国产业生态学的发展起到了非常重要的推动作用。同时，中国也开始深度参与国际事务，在国际上做出贡献。例如，清华大学于 2012 年组织了第三届产业生态学亚太会议，并与韩国和日本共同组织召开了第 7 届产业生态学国际大会等。

2.5.4.5　产业生态学作为学科出现的必然性

产业生态学的出现及其在我国的蓬勃发展有其必然性，这种必然性源自于现实性、理论性及政治性三重逻辑的互动中。正如黑格尔所说，"一个定义的意义和它的必然证明只在于它的发展里，也就是说定义只是从发展过程里产生出来的结果"。产业生态学具有无可争议的现实性。在很大程度上，产业生态学是带着"枷锁"的工业"原罪"而来的必然结果。工业革命开启了人类社会的"潘多拉魔盒"，工业作为一种新的社会发展秩序，全面、深刻和彻底地改变了人类社会及其所依存的生态环境，正如电影《指环王》的台词所言，"工业之火将吞噬一切"。问题在于，这一秩序是一种毁誉参半的秩序，既带来了巨量的物质财富，也留下了斑驳的生态烙印，形形色色的资源环境问题纷纷出现。实际上，人类在工业革命之始也同时开启了与环境问题的抗争，从无所作为的逃避到反应式的末端治理，从生产过程的清洁生产到产品的生态设计，从全生命周期管理到循环经济、低碳经济和绿色经济，人们在为这些环境问题寻求着各自不同的现实解决方案。与此同时，人们也从各自不同的视角来对工业与环境的关系进行观察、界定并力图改善，慢慢建造出一座包含林林总总环境术语的"森林"。久而久之发现，我们已经迷失在这座森林里，"只见树木，不见森林"，希望出现一门关于工业发展与生态环境关系的整合性学科的要求就呼之欲出。因此，产业生态学的出现就成为必然。

在理论性方面，产业生态学作为学科应该成为一个由一系列概念、判断和推理表达出来的关于产业生态化本质及其规律性的知识逻辑体系。产业生态学有两大理论渊源，一是源于与自然生态系统的隐喻，"师法自然"，颇具有东方哲学传统；二是源于工业系统与环境系统的解析，"工业代谢"，颇具有西方哲学传统。在解构传统下，产业生态学领域已经发展出生命周期分析、物质流分析、材料流分析和投入产出分析等一系列的理论和方法，利用这些方法解析了社会经济系统与自然生态系统在企业、园区、城市、区域、国家乃至全球尺度上的物质代谢联系，给出了工业革命以来经济增长与资源投入和污染产出的耦合图景；在隐喻传统下，我们的工业系统需要向自然生态系统学习，将废物消纳在工业链网中。类似的隐喻不仅发生在生态系统层面，而且发生在个体、种群、群落等各个层面，由此创造出产业共生、工业生态系统和生态工业园区等术语来表征工业生态化进程中所出现的新的事物和现象。解构传统和隐喻传统的汇流，成为当前产业生态学理论体系建构的核心任务，然而任重而道远。

在政治性方面，产业生态学作为学科的发展也必然是一个政治过程。西方人坚持将1989年发表在《科学美国人》上的文章和发生在欧洲的关于工业共生系统的发现看作产业生态学发展的里程碑事件，这虽看似偶然，实则是政治性使然。尽管美国的历史很短，但它的工业地位显赫，占据世界工厂地位长达近两百年。另外，欧洲老牌的工业化国家与美国人具有高度的同根性和认同感，因此尽管他们相互竞争，但也会彼此合作并维护这一领域的发现权和话语权。与之相反，苏联尽管在产业生态学方面很早就有相关的表述甚至是系统实践，但在当前的国际产业生态学发展中几乎没有了声音。

我国过去30多年的工业化增长奇迹和进入21世纪后丰富多彩的生态工业实践为产业生态学的发展提供了绝佳的观察对象和实验舞台。在决策层面，我国已经明确树立起生态文明和绿色发展的旗帜；在实践层面，我国全方位地开展了产业生态化实践。在经济发展新常态的形势下，产业生态学能否发挥其应有的理论指导和决策支撑作用，国内产业生态学群体能否在这一重要历史阶段发挥作用，是值得认真思考的事情。

2.6 产业经济生态系统理论

工业时代的生产方式可以归纳为两种运行模式（见图2-1和图2-2）：

工业生产传统模式（已经运行上百年，至今尚广泛存在）和末端处理模式（20 世纪中叶开始至今）。从总体上看，它们共同的特征是：以输出产品（通过交换）实现价值增值为目的，从环境中源源不断地获取能源和原料为起始，在环境中不断累积废弃物为终止的单向线性进程。

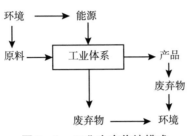

图 2-1　工业生产传统模式

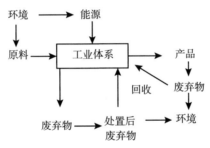

图 2-2　末端处理模式

　　这种以市场需求为导向，以实现产品（交换）价值为目的传统工业生产模式，忽视了基本的生态环境准则，将自然资源看成是取之不尽、用之不竭的无穷资源，认为环境对经济运行所产生的废弃物具有无限的承受和消纳能力。这种工业生产模式长期运行的结果必然造成日益严重的环境和生态问题。生态环境污染和破坏的根本原因就在于市场经济制度下的工业生产运行模式。因此，这种普遍认同的观念导致了在世界范围内出现将经济运行从产品经济的工业生产模式向生态型循环经济模式的重组和转型的大趋势。有学者将其与 16 世纪的文艺复兴运动相媲美，称之为划时代的历史更替。

生态经济管理就是在低碳经济背景下提出来的。它是在经济与社会可持续发展战略的理论框架内，研究既能满足消费者的需求，又能满足生态环境可持续发展要求的管理理论和方法。在这里，称这种经济观念为"生态经济"（EQ）；称这种产业经济管理的理论和方法为"生态经济管理"（EEM）；称以这种经济管理思想指导下形成的产业经济运行管理体系为"生态经济管理体系"（EEMS）。生态质量管理是面向生态型循环经济，基于理想的生态工业模式（见图2-3）的经济管理理论和方法的研究。

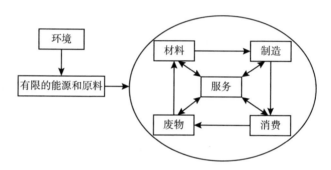

图2-3　理想的生态工业模式

生态型循环经济是遵循自然生态系统的物质循环和能量流动规律重构的经济系统。一个理想的工业生态系统应该和谐地纳入自然生态系统的物质能量循环利用过程，是以产品清洁生产、区域循环经济和废弃物高效回收利用为特征的生态经济发展模式。生态工业运行模式遵循"4R原则"：①减量化（reduce），以资源投入最小化为目标；②资源化（reuse），以废弃物利用最大化为目标；③无害化（recycle），以污染排放最低化为目标；④重组化（reorganize），以生态经济系统最优化为目标。

2.6.1　生态经济管理理论的基本思想

生态质量管理理论将质量作为"自然—社会—经济"这样一个不断

演化中的复杂生态经济系统内部的一个系统过程加以研究。

　　这里使用"生态经济系统能值分析"工具，考察产品经济系统中质量过程模式与生态经济系统中质量过程模式的区别和联系。图 2 - 4 是对产品经济系统质量过程模式的概括，其中只有两个相互作用者：生产者和消费者。双方在系统边界之外通过交流环节（◇，即市场）实现系统对消费者需求的识别，并且输出产品和服务流满足消费者的需求；消费者则以货币流对质量给予评价，亦即与制度相关的关于质量的交易价格在交流环节上决定。在此过程中，每一环节各自直接向环境排放废弃物（＝）。

　　在自然生态系统的宏观构成中，一般都具有生产者、消费者和分解者三个有机的子系统。一个成熟健康的生态系统将这三者的相互作用纳入一个完整的系统循环之中，即生产者会满足消费者的需求，二者所产生的废弃物又会通过分解者（即环境自净能力）的作用成为生产者可以利用的基本营养物质，从而形成具有自持能力的循环系统。可见，图 2 - 4 所示的产品经济系统质量过程模式不具有生态功能。

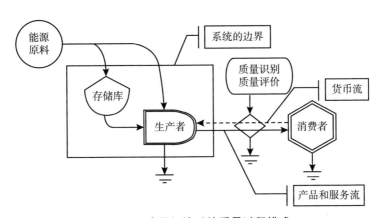

图 2 - 4　产品经济系统质量过程模式

　　在成熟的生态经济系统中，具有完整生态功能的生产者、消费者和分解者相互作用的质量过程模式如图 2 - 5 所示。

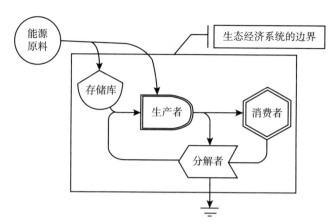

图 2 - 5　生态经济系统质量过程模式

在生态经济系统中，生产者是指系统利用生产力要素的组合，产出满足社会需求的各类产品和服务，其中必然会产生相应的废弃物和污染物。消费者是指利用中间产品和最终产品的用户，在消费过程中也会产生不同的废弃物和污染物。分解者是指对上述各类废弃物和污染物的处置、自净和消纳的系统环节。一个健康的、具有活力的生态经济系统应当能对上述三大功能综合协调，达成流畅的物质和能量循环，并且使系统对环境的危害最小化。所以，生态质量管理不仅要研究作为生产者输出的产品满足消费者需求的程度，更重要的是要研究在生态经济系统中，消费者的需求如何被满足以及被满足的程度。在生态质量管理理念中，消费者的"要求"这个概念不仅局限于"顾客对产品或服务的满意"，而是扩展到对"相关方满意"（包括对"生活质量"的满意）。

这样一种具有活力的生态经济系统（一般的自然生态系统亦是如此）的最佳设计或自组织遵循最大功率原则：系统为了与其他系统竞争而生存和永续发展，必须从环境输入大量的低能质（LEQ）的能量；同时必须从系统反馈所储存的高能质（HEQ）的能量，以强化系统外界环境，使系统内部与外界互利共生，从而保证能够不断地从环境获取更多的能量，以产出最大功率。这样的生态系统内部，子系统呈现出等级体系的能级结构，低能质部分处于较低的等级并且数量众多；高能质部分的数量较少，处于较高等级的控制地位。系统中的任何能量转换过程，都是由大量的低能质能量转换为少量的高能质能量，并且向环境中排放不能为系统再利用的耗散能；反之，少量的高能质能量可以高效率地转换为大量的低能质能量，从而处于系统的中心控制地位。理论上，系统中不同能质的能量转换过程都要遵循热力学第二定律。所以，任何一个系统过程都可以归纳为如图 2-6 所示的系统的能量过程。

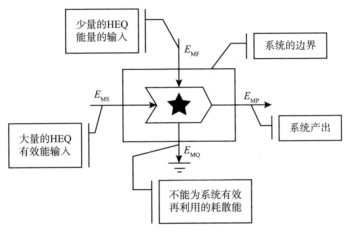

图 2-6　系统的能量过程

生态经济系统中的任何过程，实际上都是不同物化形态的各种能质能量的相互作用的过程（★）。当不能为系统有效利用的耗散能的排放为零时，系统中能量相互作用的过程即达到理论上的最大功率。生态质量管理就是要以系统进化论的观点，研究质量在系统组合中的作用规律。

2.6.2　生态质量管理理论要点

生态质量（EQ）是一种"立体的"质量观。质量职能不仅要在产品整个生命周期的时序上展开，而且要在"自然—社会—经济"系统的三个维度上展开，以生态经济系统最大化功率为原则，综合规划质量的产生、形成和实现的生态经济系统中的"过程网络"体系。所以，生态质量管理是基于"自然—社会—经济"宏观、中观的生态经济系统模式，侧重研究系统中微观质量的产生、形成和实现过程机制的质量理论。

生态质量管理必须遵循以下一些原则：①工业生产模式生态化重组原则；②3R 原则，即源头减量（reduce）、过程再用（reuse）和循环使用（recycle）；③过程的正、负产出同等控制原则；④过程耦合（纵向耦合、横向耦合），系统综合质量过程最优原则；⑤倡导质量的服务功能的实现原则。

生态质量管理理论的要点可以概括如下：

（1）生态质量管理是系统综合的质量管理。从生态质量管理的观点出发，在质量的全部职能中，质量策划过程尤其重要。它已经不仅仅对满足质量要求的手段、方式产生影响，而且是有计划、有组织地围绕产品质量和可靠性开展的分析与决策活动；它强调的是建立在对整个生态经济系统运行规律充分全面认识的"知识经济"基础上的全系统质量规划。生态质量是在"企业群落"或生态产业集团中综合实现的。例如，A 产业的负产出被 B 产业当做原料利用，B 产业的负产出被 C 产业当做原料使用，如此循环，形成生态型的产业链或生态产业集团。

（2）生态质量管理是全过程的质量控制。在产品生命周期内，一个产品质量的形成系统是从原材料的采掘或自然资源的获取直到最终处置或回收。只有全过程各个环节的质量都得以实现，才能获得最终成品质量。在质量正产出的同时伴随着某种负产出，生态质量观念应包括整个生命周期过程的质量，既包含正产出，同时也考虑负产出。这种集正负产出为一体的生命周期全过程的综合质量观念是生态质量研究的基础。

（3）生态质量管理是循环控制的质量管理。人类的物质生产过程是一个不断利用自然资源的过程。环境作为质量形成的因素之一，在影响或孕育产品质量的同时，其自身也在不断变化。这种过程应是相互补充、相互制约和共生的循环过程，而不能以一方的破坏作为代价来支持另一方的延续。生态质量是环境与生产过程循环互动的过程质量。生态质量管理理论引入生态经济系统分析手段，研究在生态型循环经济系统内质量的产生、形成和实现的新的运行模式。

（4）生态质量管理是技术与管理相结合的质量管理。在技术方面，生态质量管理借鉴清洁生产的思想，对生产全过程的各种方案进行审计、甄别和优选，寻找在生态经济系统内质量的服务功能实现的最佳方式。在管理方面，生态质量管理借鉴 ISO 14000 环境管理体系的理论框架，形成标准化的生态质量管理和评价模式。生态质量管理过程的综合质量控制，应在质量过程审计和物料平衡分析的基础上，编制生态质量因素的管理控制大纲，并依据生态质量管理的标准模式以及生态经济系统中质量过程的运行规律，通过技术和管理等综合手段实现系统生态质量管理的目标。

（5）生态质量管理理论提倡产品质量服务功能实现模式的创新。在市场经济条件下，物质总是在不断地被消耗，而消费者的要求却永远不可能获得绝对满足。生态质量理念倡导改变原有的提高生活满意度的物质至上主义的消费倾向，创造性地构造"自然—社会—经济"生态经济系统，以最少的物质投入获得最满意的质量服务功能实现的模式。

（6）生态质量管理提倡理性消费，注重生态伦理与生态文化在质量管理过程中的作用。

2.6.3　生态产业实践与生态质量管理

当今一些发达国家和发展中国家正在或将要在某些生产领域进行产业重组，探索构建一种高效有序的生态型循环经济体系。我国也开始了这方面的实践。

广西贵港国家生态工业（制糖）示范园，通过产业系统内部中间产品和废弃物的相互交换和有机衔接，形成了一个较为完整的闭合式的生态工业网络，使系统资源得到最佳配置，废弃物得到有效利用，环境污染降到最低。在生态产业园内形成了三条主要的生态链：①甘蔗—制糖—蔗渣造纸生态链；②制糖—废糖蜜制酒精—酒精废液制复合肥（返回蔗田）生态链；③制糖—低聚果糖生态链。在此过程中，产业间具有彼此耦合的关系，资源性物流取代了废弃物物流，各个环节实现了充分的资源共享，将污染负效益转化成资源正效益。生态质量管理理论要研究的正是类似这种区域生态经济系统中质量产生、形成和实现全过程的基本规律与特性，以及与此相适应的质量管理模式和质量评价体系。

总之，生态质量管理研究生态经济系统可持续发展运行模式的基本规律，提出生态质量的概念和生态质量管理理论的基本框架；在复杂系统进化论的思想基础之上，研究符合可持续发展战略原则的生态质量管理的系统方法；探索构造生态质量管理评价体系的基本原理，并构造用以评价生态经济系统中过程质量管理体系的指标体系。生态质量管理理论是以系统论、控制论和生态学理论为基础，建立在现代质量管理理论基础之上的质量管理理论体系。

2.7　产城融合理论

"底特律已经不是一座城市了，它已经消失。"——《纽约时报》

"底特律在 20 世纪 50 年代曾经是美国的第四大城市，更是世界闻名的'汽车之城'，人均收入位居全国最高水平，美国第一条水泥马路、第一盏红绿灯、第一条高速公路、第一家百货商店都出现在这里。而现在，底特律的暴力犯罪率位列第一，近 8 万座建筑被遗弃或者严重摧残，全市 40% 的路灯不工作，公共服务接近崩溃，失业率达到 18%以上，是全国水平的两倍。"——《华盛顿邮报》

2009 年是美国汽车工业史上糟糕的一年，三大汽车公司当中两家陷于破产境地，若不是政府救助，通用和克莱斯勒可能已经在美国工业史上画上句号。深冬的底特律，街道分外冷清，随处可以看到衰朽空置的房屋和废弃的厂房。天还没黑，路上已几乎不见行人，过往车辆也稀稀落落。曾经诉说着底特律繁华景象的高楼大厦，有不少整栋没有灯光，看上去已是人去楼空。2013 年，底特律申请破产。

纵观底特律发展史，落得如此下场令人有石破天惊之感，也让人对其城市管理失误有扼腕唱叹之意。由于底特律长期以来把汽车工业作为城市发展的最重要支柱，也没有寻找可替代产业模式，因而在 20 世纪 70 年代以后遇到了发展的瓶颈。汽车工业在接下来的二三十年间逐步不再成为引领美国经济和社会发展的产业，取而代之的则是电脑、互联网和现代通信技术。这是底特律从辉煌走向没落的最主要原因之一。底特律走向没落的另一个重要原因是在城市治理方面长期缺失方向。1967 年底特律暴动后，城市治安更是每况愈下，陷入杀人抢劫事件频发、管理日益混乱的恶性循环。2008 年爆发的金融危机则成为了导致底特律破产的"最后一根稻草"。以底特律市为鉴，坚持产城融合发展理念也许是我国城市发展的必然选择。城市没有产业支撑，即便再漂亮，也就是"空城"；产业没有城市依托，即便再高端，也只能"空转"。城市化与产业化要有对应的匹配度，不能一快一慢，脱节分离。

反观我国首都北京。中华人民共和国成立之初，中央对北京城市功能的界定是"政治、经济、文化和科学艺术中心，大的工业城市"。1957 年，北京市制定了《北京市城市建设总体规划初步方案（草案）》，提出了北京的城市布局采取"子母城"的形式。"子母城"以天安门广场为中心广场，以北京城为中心四扩，周边建设包括昌平、（昌平）南口、顺义、门头沟、通县在内的 40 个卫星镇。1992 年随着大量外资的进入，特别是跨国公司在中国的争相投资，使得开发区的发展进入了发展黄金时期。北京在各郊区镇附近设置了大量的开发区，城市的经济进入了迅速增长阶段。1993 年国务院批复的《北京城市总体规划（1991 ~ 2020）》中提出了建设 14 个卫星城的格局。这 14 个卫星城中包括顺义、通州、昌平等 10 个区县城和 4 个非区县城。到 1998 年，大部分卫星城都实现了"二、三、一"的产业格局，有效地分担了主城的功能，但是卫星城的建设依然只是从北京市区的角度来进行规划，没有有力的具体的卫星城统一规划，而且卫星城与主城之间的便捷交通网络也尚未形成，阻碍了卫星城的进一步发展。在2004年实行的《北京市总体规划（2004～2020年）》对北京空间结构做了重大调整，改变过去"单中心"的发展格局，构建了"两轴—两带—多中心"的城市空间结构，并结合统筹区域和城乡发展的要求，形成"中心城—新城—镇"的市域城镇体系结构。新城是城市空间结构重要节点，承担疏解中心城人口和功能、集聚新的产业，带动区域发展的规模化城市地区。

伴随着北京市新城建设，北京城市结构发展进入了快速郊区化的阶段，产业疏散趋势明显加强，人口疏散压力增加，城市结构向多中心、城乡统筹转变。但是，产城融合问题也开始逐渐凸显，且问题聚焦在新城建设上。如部分新城产业结构未达到新城定位，产业集群水平较低、升级困难，生活环境难以吸引高端人口，用地凌乱、效益较低，社会阶层分化明显等。归根结底，在于"产业—城区—人口"发展相互不匹配，产城之间的"良性循环"机制断裂。

对于区域产业的系统发展角度而言，虽然产城融合领域范围相对于整个城市管理范围较小，但区域产业经济发展的对象也基本能够覆盖城市群管理的方方面面。不同的是，相比于大而广之的城市建设规划管理而言，以产城融合理念为牵引开展区域产业经济的布局工作，无疑将使得产业政策的制定与实施更加有针对性和实效性，能够更好地协调产业聚集发展与新城建设、产业类型与城市空间、产业结构与就业结构之间关系，对促进北京市构建"两轴—两带—多中心"的城市空间结构更加具有现实意义。

在具体做法上，一是依据新城功能定位，强化主导产业统筹布局建设，成为产城融合健康发展的内在动力与保障。二是根据新城主导产业聚集情况，加强相应生产服务业工作，并推动生产服务业在新城中心区域集聚发展，以提高新城中心区密度与品质，发挥吸引高端人才与促进产业升级作用。三是以强化城市的职住平衡为牵引，加强新城建设规划工作，打破卫星城时期形成的明显的功能分区模式，在土地布局上使城市功能更加混合，为新城生产生活带来更多的多样性并增强新城活力。四是加强以城市级大型公共设施为核心的城市综合体工作，围绕大型公共设施打造新城品牌和形象，并以此为基础最终形成集文化、体育、商业、娱乐、交通枢纽为一体的城市综合体。五是开展基础服务设施配套建设，从教育、医疗、文化等领域入手，建设与主城同等或超过主城标准水平的基础设施，以达到吸引人口和人才的目的，从而最终实现完成城市郊区化向逆城市化阶段的转变。

产城融合工作，在我国尚未开展专题实践，但是在城市化进程中，尤其是城市多中心建设过程中，必然有其用武之地。推进产城融合工作，将拓展我国城市建设与经济建设的内涵与深度，也很可能是城市建设与产业经济创新发展的下一个突破点。

2.8　城市经济区理论

在地域联系的基础上进行功能地域的组织、是地理学研究的重要内容。在空间经济的各种组织形式中，经济区无疑是最综合而富于变化的一种，也最能反映研究者的创新性。中国也一向重视经济区的研究。改革开放 40 年来，我国进入快速城市化时期，以城市为核心组织而成的城市经济区，逐渐成为新时期经济区研究的重点领域。有代表性的经济区域就先后有国家经济开发区、省级经济开发区和地级市县级经济开发区。

城市经济区向来是城市地理学研究的一个重要概念，存在诸多概念上和辨识上的争议。一般认为，城市经济区是以中心城市为依托，在城市与其腹地之间经济关系的基础上形成的城市地域综合体。简而言之，城市经济区就是依托中心城市而组织的区域经济网络。1957 年，法国地理学家戈特曼最早提出城市群（megalopolis）概念（也称为城市经济带），他把美国东北部沿海地区的城市密集区域作为一个巨大的社会经济组合体进行研究和定义，将其作为城市经济区的概念延伸和理论发展。根据戈特曼的定义，城市群由多个城市组成、具有一定规模和密度，城市间联系密切，沿交通干道连绵分布，产业高度集聚，形成城市发展轴的功能性地域，城市之间呈现一个连续性很强的、以内部作用为主、多中心的云状结构。可见，城市群其实也是城市经济区的一种，也称为"城市经济协作区"。

城市经济区的界定和辨识也是城市区域研究的一个重要步骤和基础。它体现了一个区域经济发展的两个核心内容：一是城市区域经济的产业组织；二是城市区域经济的空间组织。

城市经济区虽然也是综合经济或城市地域综合体的一种类型，但它与综合经济区却存在着意义上的不同。它更加重视中心城市在经济区形成中的关键作用，更加强调中心城市这一生态位实体的支配地位。

第 3 章

区域主导产业种群与产业
环境协同演化研究

区域产业集群形成内在动力主要来自于四个方面：自然生长力、市场驱动力、政府调控力、社会文化力。自然生长力为产业提供先天资源、环境的支撑力；市场驱动依靠"看不见的手"掌控产业集群发展的进程，是产业集群形成的发展的主动力；政府调控力是指政府利用手中的财政资源和公权力加快或减缓产业集群的发育过程；社会文化因素为产业集群的形成和发展提供社会文化、思想意识的保障。

在这里，关于区域主导产业种群的概念，我们需要重新阐明。目前仍有相当部分的研究者（尤其是实践部门的工作者）对此认识模糊，习惯于从产业经济和发展理论中的主导部门概念出发，把国家主导产业区域化，即区域主导产业就是"区域＋主导产业"。这种观点主要是忽视了罗斯托主导部门理论的研究出发点，即罗斯托是以国家为研究对象的，其假设空间是均质的，因此产业的空间因素被完全抽象掉了。而对于像中国这种空间结构极不均衡的发展中国家而言，如果机械地套用其概念模式，把国家层面上关于主导部门的界定直接移植到国家的内部区域，则明显是有问题的。

更合适的界定是应该从区域分工、输出基地等理论为出发点，把区域主导产业定义为主导专业化部门，突出强调其空间属性和主导部门产业属性的结合，而不仅仅是国民经济主导产业的区域化。从这个概念出发，区域主导产业就是区域产业优势的集中代表，是区域经济发展的关键载体，并因其具有主导部门产业的后向、前向和旁侧效应，还可以对其他产业的技术进步和区域产业结构的升级优化起到推动作用。从未来区域产业发展态势来看，产业竞争的重心已经由单向的产品和单纯的技术架构竞争，演变成为创新生态系统的竞争。因此，从生态学角度对区域产业经济系统协同创新问题展开针对性研究，不仅有利于深刻理解区域主导产业发展的内在规律，同时对于管理部门制定产业协同的激励与引导政策也具有实践层面上的指导意义。

3.1 区域产业经济生态系统的概念

1989 年罗伯特·福布什（Robert Frosch）等发表了《制造业的发展战略》一文，首次提出"产业生态系统"的概念，强调产业系统与生态系统之间存在高度的依赖性，并认为可以用生产方式的革新，减少产业活动对环境的危害。产业生态系统理论诞生之初，是从"系统"组织角度提出的产业优化思路，将产业生态学定位为系统科学的分支，从"自然—经济复合生态系统"理论出发，研究产业活动中的自然资源从源、流到汇的全代谢过程，组织管理体制以及生产、消费及分解的动力学机制、控制论方法等的系统科学。从这一观点出发的产业生态系统研究非常丰富。约尼·科尔霍宁（Jouni Korhonen）关于产业生态系统的运行原则的研究，其后的很多学者又基于约尼·科尔霍宁的运行原则从产业生态系统的结构、技术水平、外部条件三个方面，进行了系统的影响因素分析，包括产业系统中产业链的完善性、联通性等对系统运行的影响，如盖文启等，产业生态系统的技术转化、技术革新、信息交换等，如埃伦 H. M. 穆尔斯（Ellen H. M. Moors）等；政府干预、市场变动、经济条件等外部条件对产业生态系统的影响，如

R. R. 希尔斯等。

产业生态系统理论催生了产业生态学，随着研究的深入，产业生态系统的研究也逐步推进到了更加宏观的层面。H. 迪波斯（H. Tibbs）将产业生态系统提炼为"产业界的环境议程"，是"解决全球环境问题的有力手段"。S. 埃尔克曼（S. Erkman）认为产业生态学主要研究产业组织的运行机理、调控机制及其与生态系统的相互作用关系，并根据自然生态系统的基本特征，对产业系统的各个组织层面进行调整以实现产业系统与生态系统高效协同运行的目标，值得注意的是，S. 埃尔克曼在他的研究中总结了产业生态系统的几个关键要素，强调了产业生态经济系统研究的"一体化"，肯定了技术创新在产业生态经济系统优化中的决定性作用。这些观点仍旧是当前产业生态经济系统优化研究的基本观点。保罗·霍肯（Paul Hawken）等人认为，产业生态系统提供了一种系统整合的工具、方法，用来设计一系列相互关联、与生态环境密切联系的产业基础结构。在后续的研究中，S. 埃尔克曼又进一步提出将产业生态系统看作协调产业发展与环境保护的一种方法和工具，产业生态系统的作用是"优化资源生产率"，是可持续发展理论的操作或实现手段。产业生态系统不是孤立的，不是对自然生态系统的产业化移植和模仿，而是与周围环境紧密相关的，通过优化产业活动过程中的物质、能量以及资本等生产要素，促进能源的高效、清洁利用，并着眼于长远地处理产业发展与周围环境之间的协调关系。

本书所界定的区域产业经济生态系统概念是产业生态系统概念的"外延"，更多的是秉承了宏观视角的产业生态化研究思路。将区域产业经济生态系统界定为一定区域空间范围内的，各种类型的产业及其关联主体形成的，从产业内到产业间的复杂组织，通过产业活动生产要素的空间流动与配置模式优化，实现资源的经济价值和生态价值高水平协同转化。如图 3-1 所示。

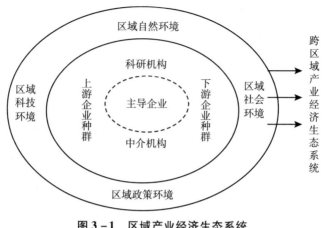

图 3-1　区域产业经济生态系统

3.2　区域主导产业经济生态系统的生态特征

3.2.1　产业协同创新的生态隐喻

生态学作为一门研究生物与其环境相互关系的自然科学，自 20 世纪 70 年代以来，其思想、理论和方法就开始在社会科学领域广为渗透，目前已在产业经济、政治学、企业管理、公共管理、知识管理、教育文化以及新闻传播等领域实现了紧密融合。笔者认为，对于产业协同创新这种多主体参与的复杂系统性行为而言，生态学的研究范式同样具有独特的解释优势。从生态学的基本理论出发，可以把产业协同创新看成是一个复杂的生态系统，其隐喻的生态比拟关系的四个方面见表 3-1。

表 3-1　　　　　产业经济生态系统的生态比拟关系

比拟点	产业经济生态系统	生态学隐喻
主体要素	主导企业、政府、中介、科研院所等多元主体	具有显著的生物多样性

比拟点	产业经济生态系统	生态学隐喻
结构层级	企业个体、企业集群、产业协同平台产业生态系统	有序的生态层级、生物个体、种群、群落、生态系统
要素关系	竞争、合作	竞争、捕食与寄生、互利共生
存在环境	社会、市场、技术、政策、文化等	自然环境

区域产业经济生态系统协同演化过程中，各主体之间通过区域内组织和市场来不断推进知识、资本、技术和人力等资源的共享、交换和增值，这种复杂交互过程可以理解为各企业种群协同演化的过程。以竞争及合作关系模式构建的产业协同平台，则是推进演化的重要基础，其目标是形成产业经济协同发展的生态系统，并最终实现整个区域内产业经济生态的平衡。因此，不管是从内部构成要素的角度，还是从要素关系、结构层级以及演化机制的角度来考察，将区域产业协同发展视为一种生态系统都是适宜的。

3.2.2 区域产业经济生态系统主导产业种群协同发展的生态特征

从生态学的角度看，区域主导产业在协同发展的过程中，如同特定区域内的生物一样，个体企业与其他主体（包括上下游企业、科研院所和中介组织）之间通过竞争、合作、寄生或捕食等关系而联结，并与相关环境一起构成一种非自然的生态系统（如图 3-1 所示）。这个系统与自然生态系统相似，具有以下四个方面的典型特征。

（1）产业发展相关成员的多样性。生物多样性是物种内、物种间的个体分布特征，也是生态系统生存的功能基础。在区域主导产业协同发展的过程中，同样具有这种典型的主体多样性，即多样性的企业个体、企业种群和相关企业群落。产业生态系统的个体种群是指产业协同发展行为的具体实施者，包括主导产业及关联产业链条中的各个企业、科研院所、政府和中介机构等，且具有一定的区域特征。

主导产业协同演化的各个种群则是同种产业协同发展平台上个体的集合，即技术商业化过程中直接或间接涉及的所有利益组织，如协同企业种群、协同高校种群、协同科研机构种群等。对于主导产业群落的界定则要复杂一些，不能将其看成是相关企业种群的简单集合，而应是区域产业经济生态系统中一种特定的相关组织，具有一定的内部结构特征。本书从产业经济协同发展的实践出发，认为在区域主导产业协同演化发展活动中，主导产业群落的主要组织形式就是区域内产业集群式的产业战略联盟。类似于自然生态系统，上述主导产业主体的多样性与产业经济生态系统的稳定性和活跃性呈正相关。

（2）产业结构的"生态位"特征。在自然生态系统中，生态位是指一个 N 维超体积的种群之间以及这些种群与外界环境的其他种群之间的资源整合与竞合关系。在特定区域空间中，产业资源都是有限的，不同的产业发展种群占有各自的产业生态位，并据此拥有不同的产业发展资源和环境适用能力。从产业属性来看，区域内的主导产业与非主导产业相比往往占据更多的产业资源，而主导产业内部和产业之间不同的协同发展主体，如企业种群和高校种群之间、龙头企业和中小型企业之间、研究型大学和技能型大学之间等，也会在自身长期发展的过程中确立特定的产业生态位。当然，这种生态位的分离状态只是相对的，由于产业发展资源的限定和创新利益最大化的驱动，企业个体和企业种群之间的竞争和排斥不可避免，即出现产业生态位的重叠问题。不过，在区域主导产业协同创新的实践中，还常常会因为创新主体对自身生态位定位不准、协同机制不健全等问题的存在，导致产业间恶性竞争或重复研发等不正常的产业生态位重叠现象。

（3）优势企业种的重要性。在自然生态系统中，相较于伴生种、偶见种而言，优势种对系统的整体性质影响最大。区域产业经济生态系统协同发展演化过程中的关键产业的企业成员就如同优势种，在产业经济生态系统中处于主导位置，也是关键产业结构中的组织。从产业协同发展的实践角度分析，可以把主导产业中的企业（主要是产业链条上的大型企业）、协同科研院所视为优势种，它们是产业协同平衡发展的核心主体，是区域产业经济发展成果的直接生产者和消费者；把政府、中介机构、金融机构和上下游企业视为亚优势种，它们对区域主导产业内上述优势种的协同行为起到重要的辅助、协调和催化作用；把主导产业链条中的众多中小企业、配套企业和非关键客户视为伴生种，它们在产业集群的协同发展过程中往往比较被动和消极，影响力小，并有可能因为优势种之间的协同行为而挤压其原有的生存空间。

（4）区域产业经济生态系统边界的动态性。区域内产业的协同发展活动虽然受到地理边界限制，具有一定的区域约束边界。但与自然生态系统不同，这种人工的产业经济生态系统边界更多的处于一种动态调整状态，即能够跨区域进行产业资源的配置和利用。同时，区域主导产业的协同发展行为在对环境适用的同时，也还会对环境产生反作用，即能够主动改造区域内的生态环境，使各种产业发展资源的供给和获取边界朝着更有利于产业整体优化的方向发展。在特定区域内部，某一主导产业链条上的龙头企业往往会同时处于其他产业链条上，这些链条也可能会延展至区域之外。如果上述这种交叉和延伸的产业链条足够多、足够长，那么这个特定的区域产业创新生态系统的边界也必然随之扩大和变化，相应的环境适用性也将发生变化，这一特征也体现了区域产业经济生态系统协同发展的自组织性。

3.3　区域产业经济生态系统种群协同演化的生态机制

3.3.1　动力机制——产业价值链协同进化

从生态学角度来看，捕食者和被捕食者的每一次进化都会作为一种进化的动力施加于对方，从而促使对方也发生相应的进化最终导致整个群落的协同进化。产业经济生态系统作为一种基于价值网的自发性协同网链结构，每个特定区域的主导产业中各优势企业种和资源要素以结点形态，构成具有共生性质的产业价值链。这种价值链通过主导产业主体之间的协同进化实现价值溢出与共享效应，从而催动产业系统产生生态型自发性发展动因，并实现系统成员共生能力和整个产业链条价值创造能力的持续提升。例如，在一个区域主导产业技术创新战略联盟中，价值链上的上下游企业之间、龙头企业与中小企业之间、高校及科研机构与企业之间，每个主体自身的重大创新动作都可能传导成为其他主体的创新压力，从而引起相关主体的创新进化，而这一进化又将引起另一关联主体的进化，最终形成一个包含研、产、供、销及消费者（消费者会因产品或服务的创新产生消费行为的创新，反之亦然）等各种主体在内的协同进化价值链。

从理论上而言，产业价值链的协同进化动力机制将使得链条上各方的利益最终趋于一致，无论是主动进化，还是被动进化。但在现代市场的竞争态势下，由于各主体对价值进化的敏感性和适应性不同，将不可避免地出现进化淘汰的现象，甚至出现一个区域主导产业整体被"产业主体锁定"的问题。

3.3.2 运行机制——产业经济生态系统耗散结构的有序化

生态系统是一个具有耗散结构功能的非平衡系统，同时具有非线性的动力学运行过程。区域产业经济生态系统协同发展过程是一个复杂社会系统进化过程的一部分，其运行的实质也是一个不断趋向系统结构有序化的过程。基于耗散理论，区域主导产业协同发展生态系统的运行过程主要内含着三种机制：熵减机制、非线性机制和涨落机制。从熵减机制来看，区域主导产业经济生态系统熵的总变化取决于熵流和熵产生。如图3-2所示，作为一个开放系统，在协同发展进化的动力机制下，不断与它所处的外在环境之间交换着人才流、资金流、技术流、信息流等互补性的资源和创新产品，当这种交换得到的负熵流使得系统内部的熵增加维持在一个比较低的水平时，即总熵 ds < 0 时，系统的价值提升绩效将不断提高。从非线性机制和涨落机制来看，无论是系统的存在还是系统的演化都离不开非线性相互作用这个根本，即非线性是系统结构有序化的动力之源。在系统熵流交换过程中，各种资源要素通过催化与自催化过程产生非线性协同放大作用，进而表现出系统价值提升效应大于局部之和的格局。同时，在开放经济条件下，区域主导产业经济生态系统的运行还会受到各种涨落的影响，如鼓励区域产业政策的强化或弱化、关键协同主体运营能力和创新能力的增强或减弱、主导产业市场竞争态势的变化等，都会不断产生多种随机"小涨落"。当涨落的影响程度达到一定的结果即改变原有的协同秩序时，系统就会通过非线性机制放大成"巨涨落"，进而推动系统发生突变，形成新的、更加有序的耗散结构。在实际运行中，区域产业经济生态系统协同发展过程中的熵减机制、非线性机制和涨落机制之间并没有严格的逻辑次序，实质上是一种互相关联、互为条件的循环过程。以此来看，区域产业经济生态系统要实现持续的进化，必须要注意上述各种机制之间的有效关联，在复杂的"涨落"环境下，保持系统的开放性和非平衡态。

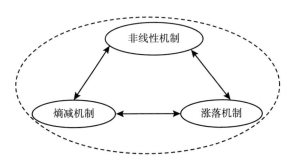

图 3 - 2　区域产业经济生态系统协同运行机理

3.3.3 治理机制——区域产业经济生态系统的多主体协同治理

基于共生理论（symbiosis theory），区域产业经济生态系统的有序运行，主要取决于各共生单元、共生模式以及共生环境三者之间的协同效应。对产业优势种群生态系统的治理，即是通过优化上述三者之间协同效应的一系列制度安排，来实现产业经济生态系统的动态平衡。在区域主导产业经济生态系统中，治理机构是以地方经济社会网络为基础而构建的，多元化的地方性力量主导着共生模式的选择和共生环境的营造，具有多主体协同治理的特征。不同于以政府权威和自上而下的权力支配为核心特征的单一主体管理模式，多主体协同治理主要通过合作、协商、确立认同等方式来实施治理行为，其权力向度是多元和相互的，治理目标在于实现区域产业经济生态系统的动态平衡和生态共生。多主体协同治理要求区域主导产业的所有利益相关者全面参与经济生态系统的维护和控制，减少或抑制系统成员的机会主义行为（如"搭便车"、消极规避风险、隐藏产业发展信息等），解决因短期和局部利益诱导而产生的"囚徒困境"问题，保证系统决策的科学性，进而实现产业经济生态系统的协同效应最大化。具体而言，区域主导产业经济生态系统的治理机制主要包括以下三个方面。

（1）共生单元生态位构建机制。共生单元是产业经济生态系统的基本能量生产和交换单位，因其自身性质、功能的差异而占据着不同层级化的生态位。就自然系统而言，生态位构建的实质是有机体对其环境上自然选择源的改变，直接影响着物种对环境变化的适应能力。区域产业经济生态系统治理的基础环节，就是要明确系统内的共生单元生态位构建机制，使其能够反映不同生态位上的产业组织的功能、利益、空间布局定位，并反映其在系统内所占有的经济资源梯度位置。产业共生单元生态位的构建主体涵盖着所有利益相关者，在进化机制下，基于企业价值最大化的需要，每个共生单元都会参与生态位的定位博弈过程，因此整个生态位的构建机制在本质上还是遵循市场选择的法则。当然，作为社会系统的子系统，为避免市场选择的失灵，政策引导在产业经济共生单元生态位的构建过程中也发挥着重要作用。

（2）共生模式选择机制。共生模式的选择不同，决定着区域产业经济生态系统的运行效率，并直接影响系统内各经济主体间共生关系的持久与稳定。在区域主导产业协同发展系统中，存在"偏离共生型""对称性互利共生型"及"非互利性共生型"等若干创新共生模式，而每种模式的特性均有较大差异。在系统治理过程中，所有主体必须根据区域内部的共生单元数量、共生界面层次和共生环境状况等条件，对价值协同伙伴间的共生模式进行选择性构建。在多主体协同治理模式下，这种共生模式的选择是交互式的，以各自创新利益能否通过共生关系得到保障为最高选择准则，以协商、谈判及合作为主要治理行为方式。

（3）共生环境构建机制。共生环境是指在一定地理边界内的社会人文环境与基础设施以及政策环境的集合，与环境的营造者关联紧密。区域产业经济生态系统的共生环境构建可从内外两个层面来分析。外部共生环境主要是主导产业组织与区域市场空间、政策、制度等资源要素互塑的社会关系网络和创新文化氛围，内部共生环境则是主导产业价值创造的各微观主体之间所构建的技术关系和学习网络。内、外部共生环境中的各网络联结主体的行为都互为函数关系，每一个共生单元对环境的扰动和输出都会影响其他共生单元的行为，具有典型的多主体协同治理特征。当然，在区域主导产业协同发展生态系统不同的发展阶段，共生环境构建的主导角色也有不同。一般而言，在初期、中期阶段以区域政府的制度环境构建为主导，成熟阶段则主要以企业、高校、科研院所和中介组织的社会文化环境构建为主导。

区域产业经济生态系统的协同演化过程在本质上是一种主导产业生态体系与其生态环境协同演进的过程。区域主导产业链条上所有组织主体及相关利益者，通过资源关系、技术关系和社会关系联结成相对稳定的共生单元，并各自占据着不同的资源生态位，在协同进化机制推动下，逐步演化形成具有共生性质的产业种群或产业集群或群落。从显性状态来看，产业种群和产业群落所选择的共生模式，也就是产业经济生态系统的组织形式，如产业技术创新战略联盟、产业团体标准联盟等。产业生态组织与区域产业发展政策、市场特征和社会文化氛围等共生环境要素之间相互影响和扰动，同时进行价值资源的交换，最终形成一种有序化结构的生态系统。

3.4 河北传统资源型工业向生态资源型 工业转变的生态系统构建

资源型企业实施生态工程属于微观层面，中观层面则是资源型产业生态化的过程。因此，资源型企业必须把实施生态工程与发展循环经济有机结合起来，引导资源型产业朝着生态产业的目标转型升级。这要求贯彻绿色发展新理念，遵循复合生态系统与循环经济的规律，充分利用现代科学技术与管理手段设计资源型企业的发展路径，推进资源型产业与生态环境的协调发展。从宏观层面上来看，资源型企业生态工程需要协调整个资源型产业复合生态经济系统的结构与功能，促进系统价值流、资本流、信息流、物质流与能量流的互动与流转，确保复合生态系统的稳定、循环、共生、协调、健康与持续发展。从微观层面上来看，资源型企业实施生态工程必须牢牢树立生态伦理观念，全面推进清洁生产技术与方式，重视产品生态设计与绿色制造，构建绿色供应链网与绿色消费模式等，切实提高资源与能源的利用效率与效果，最大限度地降低资源型产业的物耗能耗，降低污染排放，逐渐趋于零排放。在京津冀区域中，河北省所依托的资源型产业多属于高能耗、高投入、高污染的产业，如钢铁、煤炭、石化、石油、建材等，产业结构极不合理。不仅资源浪费严重，能源消耗高，还导致了京津冀区域生态环境的恶化。京津冀区域生态共生的基础是产业结构调整、升级，微观路径则是全面推进资源型企业实施生态工程，走生态工业之路。因此，河北省应率先在钢铁、煤炭、石油石化等资源型企业实施生态工程，推广先进的清洁生产技术与方式，压缩落后产能，淘汰落后技术，实现节能降耗，切实提高资源的综合利用效果。

　　生态工业园区也是一种基于生态位与市场位并重而构建的工业生态系统。它按照生态原理与市场理念，在系统内有计划地进行能源交换与原材料、半成品以及服务的供应，切实提高能源与原料利用效率，减少废物排放，在园区内建立基于循环、共生与持续的经济、生态和社会关系。在工业园区中，不同种群的企业都遵循工业复合生态系统的循环、共生、持续与控制等基本原理，促进企业之间资源与生态耦合，重视企业在资源利用、产品设计与环境保护等方面的合作，以使资源优化利用为导向，有效地利用各个环节废料，如甲企业的废料可以成为乙企业的原料，从而实现工业园区资源的综合利用与整体增值，在园区内实现循环、共生、持续与良性发展的和谐态势。资源型企业生态工程的重要路径之一就是依托资源型企业建立一个循环、共生与可持续发展的新型生态工业园区。曹妃甸，是国家"十一五"期间投资规模最大的产业集群，也是国家循环经济示范区。通过多年建设，曹妃甸工业示范区就是一个比较典型的资源型生态工业园区。曹妃甸示范区的经验及不足值得总结。在工业园区建设中，曹妃甸示范区重视了以下几个方面：①遵循按照循环经济规律及复合生态系统承载力要求，积极发展节能降耗型企业，构建了循环经济新模式，在企业中全面推广清洁生产方式，切实提高了资源综合利用率，降低各种消耗，减少了污染物排放，实现了系统的闭合与循环。②在工业园区内基本建立了基于循环与共生的工业生产与物流体系，推进了该区域钢铁、石化、机械、装备、制造和港口物流等产业之间的布局，形成了有序、循环、共生与持续发展的产业集群，切实提高了资源生产收率，减少了排放量，降低了环境污染。③全面构建资源型经济与社会，建立并完善了能源、水资源、矿产资源和土地资源的开发、持续与循环的综合利用体系。④曹妃甸示范区充分利用区域优势与海洋水资源，重视海水淡化及水资源的综合利用，提高了水资源利用率。

第 4 章

京津冀区域国家级经济技术开发区产业经济发展现状分析

4.1 北京市国家级经济技术开发区产业经济发展现状分析

北京市目前只有一家国家级经济技术开发区，即北京经济技术开发区，以下分析均针对这一开发区展开。

4.1.1 开发区产业发展

北京经济技术开发区位于北京市东南亦庄地区，是北京重点发展的三个新城之一，定位为京津城际发展走廊上的高新技术产业和先进制造业基地，并承担"疏解中心城人口、聚集新的产业、带动区域发展"的重任。北京经济技术开发区始建于 1992 年，1994 年 8 月 25 日被国务院批准为北京唯一的国家级经济技术开发区。1999 年 6 月，经国务院批准，北京经济技术开发区范围内的七平方公里被确定为中关村科技园区亦庄科技园。2007 年 1 月 5 日，北京市人民政府批复《亦庄新城规划（2005～2020年）》，明确指出以北京经济技术开发区为核心功能区的亦庄新城是北京东部发展带的重要节点和重点发展的新城之一。2010年，北京经济技术开发区同大兴区实现行政资源整合，形成的新区总面积达到1052平方公里。基于北京市"十二五"规划，开发区确定了"战略产业开发区、区域发展支点、创新驱动前沿、低碳绿色家园"的总体定位，提出"一体化、高端化、国际化"的发展目标。"一体化"是指加大统筹规划，形成城市与农村经济社会发展一体化新格局，实现行政区与功能区、新城与新市、经济社会与人口资源环境一体化协调发展；"高端化"是加快转变经济发展方式，大力发展高端、高效、高辐射产业，增强自主创新能力，打造一批"北京创造"品牌，提高资源能源利用水平，实现产业集约、集聚、循环发展，全面提升产业竞争力，高水平建设南部高技术制造业和战略性新兴产业聚集区；"国际化"则是紧跟北京向中国特色世界城市迈进的步伐，扩大对外开放，加强国际合作，集聚国际优质要素，提高国际服务能力，努力建设具有国际水平和国际影响力的开发区。① 北京经济技术开发区成立以来，其产业发展呈现如下特点。

4.1.1.1　经济总量快速增长，经济结构不断优化

北京经济技术开发区自成立以来，充分利用体制优势和市场机遇，经济快速增长。统计数据显示，2000年以来，北京经济技术开发区经济总量和工业总产值总体呈现快速增长趋势。2015年，北京经济技术开发区生产总值为1081.4亿元，首次突破千亿元大关；工业生产总值（根据当年价格测算）为2555.5亿元（见图4-1）。全社会固定资产投资完成397.6亿元，其中产业投资完成227.9亿元；公共预算财政收入完成134.9亿元；社会消费品零售额354.5亿元，增长9.1%，经济发展速度和质量均保持在北京市领先水平。

据第三次全国经济普查数据显示，从2008年第二次经济普查到

---

① 详解南部新区三城三带一轴规划，北京时报，2011.9.8.

2013 年第三次经济普查五年间，北京经济技术开发区经济结构持续优化，第三产业比重不断提高，新兴产业发展迅速。2013 年末，开发区共有从事第二产业和第三产业的法人单位 5099 个，比 2008 年末①增加 3568 个，增长 2.3 倍；从业人员 29.1 万人，五年累计增长 67.4%。2013 年末，北京经济技术开发区第二产业和第三产业的法人单位资产总计为 6782.8 亿元，比 2008 年末增长 1.9 倍。从产业结构看，2013 年末开发区第三产业从业人员比 2008 年提高 1.3 倍。金融、贸易、商务等现代服务业发展迅速，2013 年末，开发区金融业法人单位、从业人员分别比 2008 年末增长 6.3 倍和 18 倍，科学研究和技术服务业法人单位、从业人员分别比 2008 年末增长 4 倍和 1.4 倍，信息传输、软件和信息技术服务业法人单位级资产比 2008 年末增长 1.8 倍和 1.5 倍。

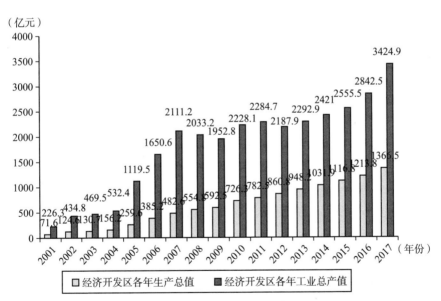

图 4-1　2000~2017 年北京经济技术开发区生产总值及工业总产值情况

资料来源：历年《北京统计年鉴》。

① 2008 年是第二次全国经济普查年份。

4.1.1.2 入区企业持续增多, 高端产业加快聚集

北京经济技术开发区围绕"中国制造2025示范区"建设, 实现产业转型升级、提质增效。2000年以来, 批准企业数量和入区企业投资数额均快速增长。第三次全区经济普查数据显示, 北京经济技术开发区已聚集了来自30多个国家和地区的5000多家企业, 其中包括世界500强企业投资的108个项目以及一批优质内资项目。2015年批准企业个数达到3197个, 入区企业当年投资额达到192.6亿元 (见图4-2)。北京经济技术开发区内已经形成了以京东方科技集团股份有限公司为龙头的显示器产业集群、以中芯国际集成电路制造有限公司为龙头的集路电路产业集群、以北京奔驰汽车有限公司为龙头的汽车制造产业集群、以拜耳(中国)有限公司为代表的生物制药产业集群, 以SMC (中国) 有限公司、ABB (中国) 有限公司为代表的装备制造产业集群, 以美国通用电气公司为龙头的医疗设备产业集群、以国富安电子商务安全认证有限公司为代表的信息安全产业集群和以新疆金风科技股份公司为代表的新能源产业集群。

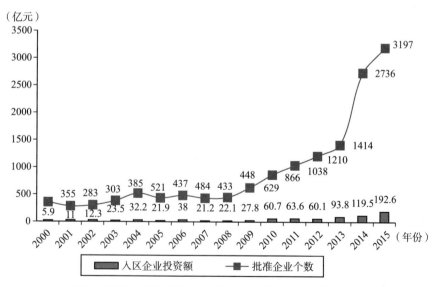

图4-2 2000~2015年北京经济技术开发区入区企业投资额及批准企业个数

资料来源: 历年《北京统计年鉴》。

4.1.1.3　四大主导产业产值比重较高，带动全区工业增长

北京经济技术开发区不断加快调整区域产业结构的步伐，缺乏比较优势的一般制造业和亏损企业加快退出。目前，高新技术产业、现代制造业已经成为带动该区工业增长的主要力量。高新技术产业产值占全区工业产值比重始终保持在 90% 以上。电子信息产业、装备制造产业、生物医药产业和汽车制造产业四大主导产业中，目前，增加值率较高的汽车制造产业对该区工业总产值的贡献率最大，其 2015 年的产值占当年开发区工业总产值的比重为 34.98%。生物医药产业比重增速最快，其产值占开发区工业总产值的比重从 2011 年的 8.72% 提高到 2015 年的 12.66%，增加了 3.94 个百分点（见表 4 - 1）。

表 4 - 1　　　　　2011 年以来开发区四大主导产业产值情况

产业	2011 年	2012 年	2013 年	2014 年	2015 年	2016 年 1～11 月
电子信息产业（亿元）	985.4	872.8	865.2	798.4	599.5	537.1
装备制造产业（亿元）	463.8	457.9	453.3	458.1	463.2	504.1
生物医药产业（亿元）	199.3	236.6	233.8	282.6	319.3	361.9
汽车制造产业（亿元）	349.7	389.4	488.1	608.4	882.1	1285.5
四大产业总计（亿元）	1998.2	1956.7	2040.1	2147.6	2264.2	2688.7
开发区工业产值（亿元）	2284.7	2187.9	2292.9	2421.0	2522.0	—
占比（%）	87.5	89.4	89.0	88.7	89.8	—

资料来源：北京经济开发区产业发展局统计数据 http://www.bda.gov.cn/cms/fzgh/index.htm。

此外，北京经济技术开发区现代服务业格局已经形成。信息服务、科技服务、金融服务为代表的知识和技术密集型行业在经济总量中的占比不断提高。2015 年，北京经济技术开发区信息传输、计算机服务和软件业，金融业，科学研究、技术服务和地质勘察业增加值占比分别比2010 年提高了 0.5、0.4、0.4 个百分点，批发零售业、交通运输业等传统行业增加值占比分别由 2010 年的 24.1% 和 3.8% 降至 2015 年的

19.7%和2.6%。

4.1.1.4 创新活动形式多样，园区企业创新能力不断提高

北京经济技术开发区围绕服务端、创业端与投资端加大服务力度，成效突出。2015年，该区新认定创新联盟、技术研究院、企业研发机构等各类创新服务机构41家，总数达314家；新认定特色产业园、科技孵化器、公共服务平台等各类创新服务载体23家，总数达60家；新设立科技、人才专项基金2支，总规模12亿元，为打造北京科技创新和人才聚集高地奠定基础；新设立京津冀全球路演中心，举办项目路演活动50余场，吸引国内外知名投资机构超过100家，展示推介项目超过800个，参与活动人数超过3000人；新增国家高新技术企业、市级"小巨人"企业、北京市专利试点企业共97家，企业获国家科学技术进步二等奖一项、北京市科学技术进步奖六项；企业申请专利8300余件，专利授权3395件，继续保持高速增长。①

4.1.2 开发区产业经济发展与人才供需的生态协同现状分析

截至2015年底，北京经济技术开发区从业人员数量已经达到30.41万人。随着该区一系列人才政策的出台和认真落实、企业创新能力的增强，人才支撑能力也明显提升。从人才供给方面看，北京经济技术开发区人才存量持续增长，高层次人才规模不断扩大，供给渠道丰富，人才发展体制逐步完善。从人才需求方面看，伴随着产业结构的升级和经济社会的快速发展，北京经济技术开发区对地区主导产业的各类稀缺人才保持旺盛的需求。

4.1.2.1 适应产业发展的人才供给侧分析

供给侧改革是适应和引领经济发展新常态的重大创新，而人才资源

---

① 本小节数据均来自北京经济技术开发区2015年工作总结，http：//www.bda.gov.cn/cms/jhzj/131529.htm。

的升级和优化，影响着各种资源和要素的优化和整合。因此经济层面的供给侧改革势必要求人才资源的供给侧改革与其相适应。本书对北京经济技术开发区人才供给侧分析将主要从人才供给数量、结构特点、人才供给渠道及人才供给政策、人力资源服务等五方面进行分析。

4.1.2.1.1　区域内人才存量持续稳步增长

北京经济技术开发区成立以来，开发区深入实施人才优先发展战略，积极推进人才队伍建设工作，人才队伍总量稳步增长。如图4-3所示，截至2014年底，北京经济技术开发区（新区）人才队伍[①]总量26.1万人，其中经营管理人才67369人，专业技术人才138116人，高技能人才[②]41131人。与2011年相比，分别增长39.5%、11.9%和50.4%。新区每万名常住人口人才数量由1476人增长到1693人，增幅14.7%。人才效能从64.4万元/人增加到70.2万元/人，增幅为9.0%。[③]

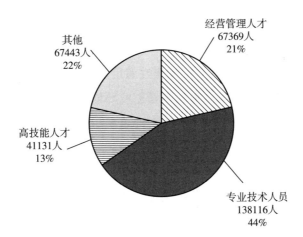

图4-3　2014年北京经济技术开发区（新区）人才存量结构

资料来源：本书根据北京人才发展报告（2014~2015）测算。

---

① 根据统计口径，人才队伍包括高技能人才、社会工作人才、农村实用人才、企业经营管理人才、党政人才和专业技术人才。

② 根据统计口径，高技能人才主要包括技能劳动者中取得高级技工、技师和高级技师职业资格及相应职级的人员。

③ 刘敏华．北京人才发展报告（2014~2015）：244-245。

4.1.2.1.2 人才结构调整不断适应产业需求

北京经济技术开发区（新区）目前拥有两院院士 20 余名，2015 年北京经济开发区新增中央"千人计划"入选者 8 人，累计 58 人，总数超北京市总量的四分之一；新增北京市"海聚工程"入选者 15 人，累计 105 人，总数超过北京市总量的 1/5。认定新区高端领军人才 120 人，累计 367 人。新区近年来大量引进了本区主导产业急需紧缺人才，在电子信息产业、汽车制造产业、生物医药产业、装备制造产业、新能源与新材料产业、航空航天产业、文化创意产业、生产性服务业、科技创新服务业、都市型现代农业领域引进和培养了 1100 名急需紧缺人才。随着一般性制造业等的逐渐退出，专业技术与技能人才队伍结构有所优化。2014 年，开发区（新区）高、中、初级专业技术人才比例为 1∶3∶6，较 2011 年的 2∶7∶16 有所改善；中级以上专业技术职称人才数量增加5006 人，占专业技术人才总量的比例为 29.55%，比 2011 年增加了0.57 个百分点，高技能人才增加了 6039 人，占技能劳动者的比例为20.79%，比 2011 年增加了 10.61 个百分点。

4.1.2.1.3 产业人才构成多样性满足产业发展的需求

依托北京的首都区位优势和创新创业环境，北京经济技术开发区的人才供给渠道较为广泛。根据本书对北京经济开发区部分企业的调研数据显示，企业可以通过校园招聘、网络招聘、猎头招聘、现场招聘等多种方式便捷地获取所需人才。其中，专业技术人员和技能操作人员主要通过校园招聘获取，北京市各类高等院校数量多，京内诸多高等院校毕业生是补充开发区人才供给的重要来源。近年来北京普通高校数量及毕业生数量总体上呈现增长态势（见图 4-4）。根据对企业的问卷调研，北京经济技术开发区内企业近年来均接受应届高校毕业生，其毕业高校大多集中在京内高校。2015 年，京内各类高校已达 90 所，各类高等院校毕业生 54.74 万人，其中研究生（包括硕士和博士）7.97 万人，占14.56%；普通高校本、专科学生 15.21 万人，占 27.79%；成人本科学生 9.53 万人，占 17.40%；网络本科生 22.03 万人，占 40.25%。

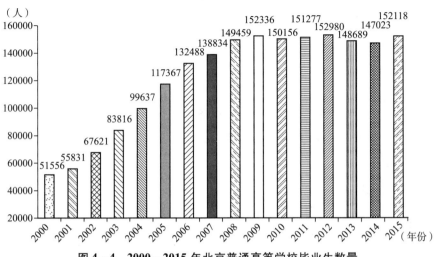

图 4 - 4　2000～2015 年北京普通高等学校毕业生数量

资料来源：历年《北京统计年鉴》。

企业经营管理人员主要依靠内部选拔等方式获取，企业大学为此提供有力的支撑，开发区部分企业也成立了企业大学，如京东方公司2015 年 7 月成立了京东方大学，该大学以"学术驱动，专业引领"为宗旨，目前已形成一支由 30 余位专兼职专业人员组成的团队，内设四大中心、八大学院，以产业人、专业人、管理者和领军人四大系列为主打，为不同阶段人才成长提供针对性解决方案。如领导力学院专门面向京东方各级管理者，提供后备、新任、进阶三阶段管理能力综合培训；职业能力学院专门面向 0～3 年本科以上校园招聘入职新员工，提供产业人养成全系列通用能力培训；测评中心开发和应用人才发展测评工具，测评技术内部推广与专业人员培养等。施耐德公司也成立施耐德学院，为公司的管理人员提供在职培训，即包括公司内部职员担任讲师讲授课程，又包括从外部机构购买课程。

4.1.2.1.4　区域人才政策提升产业发展的创新环境

北京市和北京经济技术开发区近年来不断强化政策保障和人才激励机制建设，营造了良好的人才创业创新环境。对接国家制定的"千人计划"，北京市 2009 年正式启动实施了地方引才专项计划"海聚工程",大力引进并支持高层次人才在京创业,北京经济技术开发区因地制宜制定实施了"新创工程",制定了 20 多项服务人才的优惠政策。纵观相关政策,其扶持内容由早期的工商注册、税务登记、引才奖励、子女入学等逐渐发展成为支持领军人才发展、股权投资、科技经费使用等内容。为了落实中央对首都城市战略定位和产业发展的要求,深入实施《首都中长期人才发展规划纲要(2010~2020 年)》,北京经济技术开发区 2014 年出台了《关于北京经济技术开发区建设高端产业领军人才发展示范区的实施意见》(简称《意见》),该《意见》专门针对高端人才,集成了中关村人才特区的 8 条政策,创新实施了 7 条特殊支持政策,对接原有的 28 条政策,先后设立 1 亿元人才发展专项基金和 1 亿元创新创业扶持基金,用于高层次人才的项目资助、人才奖励以及人才引进、孵化机构培育等,还提出开办名师、名医及文化名人专业技术工作室,并对其住房、子女就学等方面进行奖励。北京经济技术开发区 2015 年则进一步整合出台《新区推进高端产业领军人才发展示范区的实施办法(试行)》,对领军人才标准和工作细则进行了详细规范。

4.1.2.1.5　适应产业发展的人才服务生态子系统功能健全

北京是全国人才资源聚集地,近年来北京市人力资源服务业不断发展壮大,多层次、多元化的市场服务体系基本形成。北京市率先出台了全国第一个人力资源服务业地方标准,首都人力资源服务业的发展呈现出明显的产业化、专业化和国际化发展的特点。北京市的人力资源服务机构主要由政府设立的公共服务机构和市场化的经营性服务机构组成。公共服务机构包括公共就业服务机构、公共人才服务机构和行业所属事业单位的职业介绍和人才机构,主要提供公共就业服务、公共人才开发配置和档案管理等服务。市场化经营服务机构侧重于经营性的服务业务,包括国有企业的职业介绍和人才机构,以及各类民资、外资或者合资的职业介绍和人才服务机构。目前北京市市场化经营性人才服务机构数量已经超过了公共服务机构。北京市为市内数万家用人单位提供人力资源管理咨询服务、外包服务等。北京经济技术开发区与大兴区行政资源整合后，成立开发区高层次人才服务中心及新兴产业促进服务中心等专业化服务机构，提供了专业化人才服务。为高层次人才建造了公租房，建立了补充性医疗保险，引进北京市十一学校等优质教育资源兴办开发区分销，解决了高层次人才的住房、医疗、子女就学等后顾之忧。

4.1.2.2 开发区产业人才需求的系统分析

本书通过调查驻区代表性企业对北京经济技术开发区人才需求方面的情况进行了分析。由于该区已经形成了具有一定优势的主导产业及相关企业群落，对该开发区产业发展与人才需求情况的调研来看，北京经济技术开发区的人才需求主要表现在以下几方面。

（1）主导产业和龙头企业的发展需要高端人才智库的支持。

北京经济开发区的发展始终追随首都功能定位，积极构建高精尖经济结构，围绕"引领新常态、打造高精尖、服务京津冀""发挥首都实体经济主力军作用，建设首都科技创新中心主阵地"的定位，北京经济开发区不断加快调整区域内产业结构。低效产能加快退出，高端产业加快集聚。随着汽车制造业、装备制造业、生物医药和电子信息四大主导产业的确定及飞速发展，该区域对四大产业所需的各类人才均表现出旺盛的需求。从开发区主导行业吸纳人才数量看，2011～2014年，汽车制造业人才数量从11630人增加到21685人；装备制造业从23090人增加到38821人；生物医药产业从16081人增加到23903人；电子信息产业从30443人增加到32661人（见图4-5）。文化创意产业、都市产业吸纳的人才数量也出现了高速增长。这种增长也体现了北京经济技术开发区对相关人才的旺盛的需求。

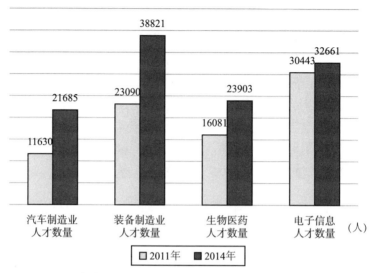

图 4-5　2011 年与 2014 年北京经济技术开发区四大产业人才数量对比

资料来源：北京人才发展报告（2014~2015 年）。

（2）高层次人才需求不能满高端创新型产业发展需要。

北京经济开发区一直高度重视人才工作，人才已经成为北京经济开发区区内发展的第一资源和最强动力。北京经济开发区（新区）近年来在高层次引进力度较大，但是与新区人力资源管理部门及驻区企业访谈结果看，高层次人才仍然较为紧缺。接受访谈的企业均表示，企业急需高层次人才，包括高级经营管理人才和高级专业技术人员；从企业角度而言，各企业所需要的高层次人才数量并不多，但是获取难度较大。如北京舒泰神药业公司在 2016~2017 年，对高级研发人员尤其是领域内的顶级研发人员和专家需求较迫切，公司目前主要通过自己的渠道和猎头公司获取高层次人才，但是目前的招聘渠道很难满足公司对高层次人才的需求。

（3）人才金字塔底层的技能操作人员缺口明显。

北京经济技术开发区制造业常年面临季节性和结构性用工紧缺难题，据调查，北京经济技术开发区内所有的企业均存在用工缺口。从数量上看，技能操作人员所需要的数量最大。生产液晶显示屏的京东方显示技术有限公司现有员工总数约为 7000 人，虽然该企业采取了现场招聘会、网络招聘等多种方式，受开发区对技能人才的旺盛需求等多重因素影响，该公司技能操作人员月离职率在 6% 左右，因此京东方公司初级技能操作人员依然存在较大的需求缺口。该公司明确表示未来 3 年至少需要 3000 名左右的技能操作人员。生产中低压电器产品的施耐德中低压公司位于北京经济技术开发区的工厂现有员工约为 1300 人，近年来主要从技校中录用了大批技能操作人员，多数为京外户籍，受工资水平、个人发展等因素影响，该公司技能操作人员年流动率在 20% 左右，因此该公司技能操作人员方面也存在较大的需求缺口。该公司明确表示未来 3 年内急需 1000 名左右的技能操作人员。

（4）区域产业结构优化升级推进产业人才结构的调整和升级。

进入"十三五"时期，非首都功能疏解加速了北京经济技术开发区整体人才素质的提升，京津冀协同发展也将驱动人才资源在三地的聚集和优化配置，深度改善人才资源分布结构。北京经济技术开发区作为京津冀三地交汇的节点，必将成为人才资源聚集的最前沿，在此背景下，北京经济技术开发区对所需人才的素质和能力也提出了更高的要求。从企业问卷看，所有的企业对招聘的人才在专业、学历和能力方面均有要求。如舒泰神药业公司提出研发人员需要专业领域内的专家和研究员，营销人员和生产人才也需要一定的业务能力；京东方科技集团股份有限公司提出急需机械类、电子类、计算机类的人才，专业技术人员方面 2/3 要求是硕士研究生。

4.1.3　开发区人力资源开发存在的主要问题及原因

（1）产业人才培养系统不完善。

目前，开发区的人才培养主要还是以企业自主培养为主，企业对经营管理人才的培训较为重视，而普通员工一般由基层管理者负责，在生产过程中边干边学的方式进行培训。总体来看，多数企业人才培训投入不足，培训不成体系，个别企业甚至没有相应投入。从开发区产业多样发展的需要来看，现行政策服务对象主要以高端人才为主，重视对领军人才的引进和项目扶持，对于经营管理、专业技术、高技能骨干人才的培养方法较少，未形成适合多层次产业需要的多层次人才培养体系，这对构建合理科学的产业人才梯队不利，且不利于区域产业经济生态系统健康持续发展。

（2）技能型员工流动性大。

技能型人才，即灰领阶层人才，流动性对于企业的运营和绩效具有重要的意义。目前，在非首都功能疏解和城市高生活成本的作用下，该区域的技能型人才流动性较大。员工流动过于频繁，则会对公司产生极不利的影响。过高的员工流动率意味着企业人才的流失，意味着企业在员工身上所进行的人力投资的丧失，包括招聘、岗位培训等费用的空耗，还面临着巨大的人员重置成本。从对京东方科技集团股份有限公司、施耐德电气有限公司等公司的访谈来看，这些企业长期存在一线员工进出频繁的现象，造成企业常年面临熟练员工的短缺，培训费用升高等问题。从企业管理人员访谈结果看，造成一线员工流失率较高的原因主要有两方面：一是北京地区的住房、教育、饮食等日益高涨的生活成本抑制了外来劳动力在京就业的积极性，而北京本地劳动力由于生活压力较小，对薪资偏低的一线岗位的就业意愿不强；二是随着各省市经济的协调发展，外来劳动力绝对量也呈现出下降趋势。

（3）区域产业生态服务环境投入不足，人才市场化服务乏力。

开发区在发挥市场配置人才的作用方面还存在一定差距，区内服务机构不健全，基本是企业自给自足。首先是市场化的中介服务不足，企业获取人才的渠道虽然很多，但是大部分企业对市场化中介服务质量效果的满意度较低。个别企业由于业务领域较为狭窄，猎头公司、职业介绍机构等不能及时提供企业所需的专业研发人员及相应技能的人才。高端人力资源服务专业化程度不足，多数企业表示高层次领军人才的寻访无法通过市场化的人才市场服务获取。开发区在人力资源开发与人才发展支撑方面的公共服务与市场化、社会化服务体系并不健全，服务机制缺乏创新，服务能力与政策工具有限，质量与效率难以满足企业与人才个体对就业、发展及其配套服务的需求，人才发展生态还需要进一步优化。相关支持政策缺位，也使政府与企业规划持续稳定增加人才与人力资本开发投入的积极性不高，人才流失、员工进出的信用成本门槛较低，公共服务机构在就业信息收集与供给以及企业、人才在就业、培训服务等方面的政策措施存在碎片化、短期化的现象，面对人才使用中的共性问题，政府难以建立起有效的反应机制。由于供给主体单一，缺乏竞争，现有从事人才发展服务的政府机构与市场化组织功能难以适应开发区就经济发展中日益突出的多元化和多变性人才需求。健全的产业人才生态系统的构建任重道远，园区整体市场化运作程度较低，对人才市场变化的感知不灵敏，动态适应能力不足。

4.2   天津市国家级经济技术开发区产业经济发展现状分析

4.2.1   开发区产业发展现状

4.2.1.1   开发区规模优势明显

天津位于海河下游，地跨海河两岸，是北京通往东北、华东地区铁路的交通咽喉和远洋航运的港口，有"河海要冲"和"畿辅门户"之称。天津市目前共有 6 个国家级经济技术开发区，分别是天津经济技术开发区（泰达经济技术开发区，本书简称天津开发区）、天津西青经济技术开发区（本书简称西青开发区）、天津武清经济技术开发区（本书简称武清开发区）、天津子牙经济技术开发区（本书简称子牙开发区）、北辰经济技术开发区（本书简称北辰开发区）和东丽经济技术开发区（本书简称东丽开发区）。

天津开发区成立于1984年12月6日，是首批国家级经济技术开发区之一。天津开发区地处环渤海经济圈的中心地带，距离天津港仅5公里，距离天津中心城区约45公里，距离北京约140公里，横贯区内的高速公路、轻轨列车、城际特快、货运铁路，将其与国内铁路大动脉和通往全国的高速公路网连为一体，可以方便地辐射广大的内陆地区。[①]

2008年4月，根据天津市委有关决定精神，中共天津开发区保税区工作委员会并入中共天津滨海新区工作委员并成立了天津开发区管委会党组。天津开发区建立以来，区域不断扩展，目前已经形成了包括东区、逸仙科学工业园、微电子工业区、汉沽现代产业区、西区、南港工业区、南部新兴产业区、泰达慧谷、中区和北塘企业总部园区共10个园区。天津开发区具有集经济技术开发区、高新技术园区、港口、出口加工区和保税区于一体的功能聚集优势，天津港是中国北方最大的国际贸易港口，货物吞吐量位居世界十强；天津开发区主要经济指标多年来一直在全国各开发区中处于领先地位；天津港保税区已成为服务华北、西北地区和北方最大的保税通道，进出区货物总值中60%以上是外省市创造的，被国家批准为区港联动试点，完善的投资环境和优越的区位优势，成为推动天津开发区快速发展的助力。

西青开发区始建于1992年，2010年底经国务院批准正式升级为国家级经济技术开发区。该区位于天津市中心城区正南部，与天津市中心城区结合紧密，是距离市中心城区最近的开发区，天津外环线有1/3在西青区界内，纵贯天津市南北的三条主干道：卫津路、友谊路、解放南路的延长线全部贯穿开发区，是天津市诸多经济技术开发区中唯一具有这种独特区位优势的开发区。过境铁路有津浦铁路、津港铁路、周芦铁路和津保城际铁路，交通优势明显。西青开发区地处滨海新区腹地，辐射西北、华北、东北12个省区市，是亚欧大陆桥最近的东部起点。

---

① 资料来源：天津开发区绿色发展"十三五"规划，天津经济技术开发区发展和改革局。

　　武清开发区始建于 1991 年 12 月 28 日，该区地处京津之间，是京津冀协同发展京津城市主轴的中间节点，历来享有"京津走廊"的美誉。武清开发区交通体系开放便捷，距离北京市区 71 公里，距离天津市区 25 公里，距离天津滨海国际机场 35 公里，距离天津港 71 公里。①武清开发区内交通体系开放便捷，区内有京津塘、京津、京沪、滨保等 4 条高速公路 5 个入口，有京山铁路客、货运站各 1 处。规划中的京津地铁将在武清驳接，103 国道、104 国道也在区内通过。武清优越的区位优势和便利的交通条件，对吸引北京、天津两大城市的高级人才非常方便。武清开发区将打造以先进制造业、现代物流业、现代服务业和教育研发为重点的高端产业集聚发展区，建成环渤海地区最具实力和竞争力的国际化高端产业绿色园区。

　　子牙开发区也称作天津子牙循环经济产业区，该区始建于 2001 年，是全国北方最大的循环经济园区，是中日循环经济型城市重点合作项目。2012 年 12 月经国务院批准，该区成为全国首家以循环经济为主导产业的国家级经济技术开发区。先后被国家发改委、财政部、环保部、工信部等部委批准为"国家循环经济试点园区""国家'城市矿产'示范基地""国家新型工业化产业示范基地""国家循环经济教育示范基地""中国国际青少年活动中心（天津）""国家级废旧电子信息产品回收拆解处理示范基地"和"国家进口废物'圈区管理'园区"等。子牙开发区位于天津市西南部，位居环京津冀和环渤海双重经济圈腹地，距离天津市区 60 公里，距离北京市区 150 公里，距离天津滨海国际机场 60 公里，距离天津新港 90 公里，具有"依托环渤海，辐射三北，面向东北亚"的独特区位优势。子牙开发区将打造以工业区、林下农业循环经济示范区、科研服务居住区"三区联动"循环互补的发展格局。

　　北辰开发区始建于 1992 年 7 月，2013 年 3 月经国务院批准升级为国家级经济技术开发区。北辰开发区地处京津发展轴，距离北京市中心

---

　　① 资料来源：中国天津武清开发区，http://www.tjuda.com/a/AreaInfo/2010/0113/55.html。

110公里，距离北京首都国际机场90公里，距离天津滨海国际机场15公里，距天津港45公里，是连接京津、辐射华北、通达全国的重要交通枢纽。京津塘、京沪、津蓟、京津高速、滨保高速在开发区附近设有出口。京津、京福、津渝、津宝等12条国家级干道在开发区周边组成天津地区最密集的交通网。由于北辰开发区毗邻天津国际航运中心、滨海空港加工区，是天津滨海新区、中心城区和北京产业战略对接的核心，是天津市开发开放的重要产业支撑区和辐射配套区。[①]

东丽开发区始建于1992年，2014年2月26日经国务院批准升级为国家级经济技术开发区。东丽开发区地处天津滨海开发带、海河重化工带、京津塘高速公路高新技术开发带，毗邻天津开发区、保税区、高新技术产业园区，接受"三带""三区"的辐射。东丽开发区内交通便捷，津滨高速、津京塘高速、津京塘高速二线贯穿东丽，并且在区界内有多个出口，津塘、津塘二线、津汉、津芦、外环线、规划快速路连接线等十余条干支公路，四通八达。京山铁路、北环铁路过境，并有相应货场坐落东丽。

4.2.1.2　不同开发区产业生态位不同且各具特色

除了子牙开发区，天津市其他国家级经济技术开发区多数始建于20世纪80年代中期或者90年代初期，经历多年稳定发展，各开发区基本形成了各具特色的主导产业，投资促进成效显著。

4.2.1.2.1　天津开发区产业发展情况

如图4-6所示，天津开发区自成立伊始，持续快速发展。"十二五"期间，天津开发区地区生产总值年均增长18%，占天津市地区生产总值中的比例由2010年的16.8%增长到2015年的17.6%。目前，天津开发区的各项重要经济指标在天津市均占有重要地位，2015年天津开发区地区实现生产总值2905.59亿元，其中第二产业增加值完成2164.62亿元，第三产业增加值完成740.97亿元；规模以上工业总产值8200.8亿元，占

---

① 资料来源：中国天津北辰开发区，http：//www.bceda.com/Locationaladvantages.aspx。

天津市的 29.3%；出口总额 219.1 亿元，占全市的 42.8%。

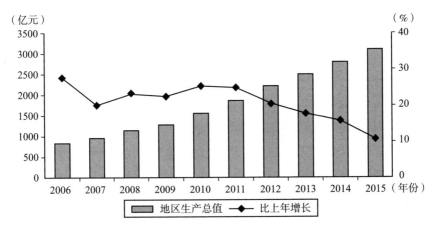

图 4 - 6　2006 ~ 2015 年天津开发区地区生产总值及其增长速度

资料来源：天津经济技术开发区（南港工业区）2015 年国民经济和社会发展统计公报。

入区企业数量持续增长。截至 2015 年末，天津开发区累计批准来自 88 个国家和地区的外商及港澳台投资企业 5581 家，其中投资规模超过 1000 万美元的 1402 家，投资规模超过 1 亿美元的 74 家。设立登记内资企业 12977 家，注册资本 4275.02 亿元，注册资本 1000 万元以上的企业 3029 家，全球 500 强企业中有 90 家已经在该区投资。天津开发区已经形成了电子通信、汽车、装备、食品、机械、生物医药、新能源新材料和航天八大支柱产业。其先进制造业不断做大做强，现代服务业加速聚集。2015 年，该区新增外商及中国港澳台（地区）投资企业 142 家，增资项目 92 个，投资总额（含增资）107.95 亿美元，合同外资金额 69.13 亿美元，实际利用外资 67.00 亿美元。新设立内资企业 1672 家，注册资本（含增资）365.21 亿元，其中新增民营企业 1449 家，注册资本 114.92 亿元。2016 年，一汽丰田汽车销售有限公司、一汽大众汽车销售有限公司华北基地等一批重大项目竞相落户天津开发区，420 余家北京企业亦陆续入驻天津开发区，彰显天津开发区强大的投资吸引力。

天津开发区大企业及支柱产业对全区经济带动作用较强。2015 年全区共有 293 家企业工业总产值超过 1 亿元，其产值合计占全区工业总产值的 98.6%。规模以上工业企业中，电子、汽车、装备、食品、石化、新能源新材料、生物医药、航天等八大支柱行业实现工业总产值 5902.36 亿元，占全区的 71.6%，工业增加值 1473.49 亿元，占全区工业增加值的 68.9%。其中，汽车行业增加值可比增长 24.1%，拉动全区工业增长 4.3 个百分点；生物医药行业可比增长 20.9%，拉动全区经济增长 0.7 个百分点。2015 年度天津开发区百强企业共实现主营业务收入 6828 亿元，同比提高 2.2 个百分点。百强企业中国家级高新技术企业 19 家，比上年增加 3 家；高技术产业企业 27 家，比上年增加 5 家；战略性新兴企业 21 家，比上年增加 4 家。[①]

4.2.1.2.2　西青开发区产业发展情况

根据天津统计局数据，2015 年西青区全区实现地区生产总值 1010.4 亿元，其中第二产业实现增加值 561.3 亿元，第三产业实现增加值 436 亿元，分别比 2014 年增长 11.7% 和 7.8%。利用外资规模持续扩张，2015 年实现合同外资额 7.34 亿美元，比 2014 年增长 4.73%。西青开发区目前已经有 33 个国家和地区的 2024 家企业入驻，其中世界 500 强企业 36 家，已经形成电子信息、装备制造、服务外包、新材料新能源、生物医药五大主导产业。其中，其电子信息产业涵盖集成电路、通信设备、汽车电子、医疗电子、机床电子、消费电子、软件产业七大领域，并重点发展集成电路、手机、电子元器件、新型显示四大产业；其装备制造业被规划为基础部件加工基地，主要依托滨海新区所聚集的越来越多的大型装备制造业龙头企业和开发区在汽车零部件制造业、工程机械制造业的现有基础，重点发展汽车零部件制造业、工程机械制造业、通用装备制造业、电气机械及器材制造业四个领域；其软件与服务外包产业重点发展软件研发及服务、信息技术研发及服务、产品技术研发及服务、业务管理及运营服务、供应链管理、游戏动漫与创意设计等外包产业，同时将该产业和西青开发区制造业结合起来，推动制造业工艺改进、技术升级、产业升级等；其新材料产业将重点发展电子

---

① 天津开发区上半年主要经济指标同级首位，天津招商网 http://tj.zhaoshang.net/。

信息材料、新能源材料、纳米材料、生态环境材料、生物医药材料、智能材料等领域；其生物医药产业将根据天津市"一轴两翼、十二大板块"的生物产业格局，打造生物医药产业集群。西青开发区还积极培育发展配套和支撑产业体系，主要包括面向开发区和环渤海地区的模具产业，现代服务业和物流业。

随着京津冀协同发展的深化，京企外迁不断加速，西青开发区积极承接北京大兴、顺义、亦庄重点区域的在京企业，通过对有转移外迁或向外扩产需求的企业逐个研判追踪、拜访推介，实现意向项目的全面精准对接，引入大众、奔驰、现代等汽车配套项目，积极推动整车项目落地；依托开发区医药产业基础，积极发展大健康产业，拓展产业链条；除传统优势产业外，开发区在招商引资过程中突出以"人"为中心，加强对"食品行业、日用消费品、健康保健品"等市场前景好、需求量大、受市场环境波动影响较小的新兴产业的引资力度，提升开发区的可持续发展能力。2016年，西青开发区积极融入京津冀开发区创新发展联盟、京津冀国家级开发区产业人才联盟等行业机构，先后开展了京津冀开发区创新发展联盟首场园区推介会、"汇智赛达共赢京津"招商推介会、"京津冀创新创业及人才政策说明会"等活动，大力宣传推介西青开发区，扩大在京津冀地区和海内外的知名度与影响力。2016年西青开发区已成功开拓首都政府机构24家、中介机构584家、行业协会80多家，实现了首都资源全覆盖。西青开发区在打造自身区域外，还与西青区内街镇合作共建了赛达工业园、赛达物流园、赛达大健康产业园、天津南站科技商务区等多个专业特色园，实现互利共赢、协同发展。每个专业园区，将依托自身的区域交通、环境服务、自然人文等特色优势，面向京津冀地区，承接发展智能装备制造、科技商贸、电子商务、健康食品、医药研发、医疗器械生产、冷链物流、高端商业服务等产业。丰富的产业投资类别、多样的园区资源平台为引进京津冀优质项目提供了充足的载体支撑。

4.2.1.2.3 武清开发区产业发展情况

武清开发区是天津市武清区对外开放的窗口，武清开发区近年来各项主要经济指标一直保持较高的增长速度。截至 2015 年底该区已经累计实现地区生产总值 2000 亿元，税收 617 亿元，吸引直接就业 13 余万人，吸引投资 1350 亿元（外资近 80 亿美元），引入 50 个国家和地区的企业 1400 余家，其中世界 500 强企业 31 家。目前该区已经形成了高端制造、生物医药和总部经济三大主导产业。其高端制造业以环保、节能、低碳为特色，形成了电子信息、机械制造、生物医药、汽车及零部件、新材料、新能源等六大主导产业。如图 4 – 7 所示。

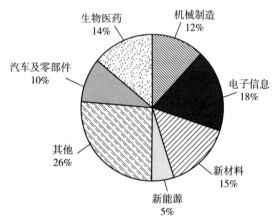

图 4 – 7　武清开发区高端制造业结构

资料来源：武清开发区官网，http://www.tjuda.com/a/quyuyoushi/2010/0114/107.html。

武清开发区电子信息技术产业现有 46 家企业，占开发区产业总量的 11%，代表企业有光宝电子（天津）有限公司、万可电子（天津）有限公司、富禄通信技术有限公司、大真空有限公司、磁化电子有限公司等，投资总额达 33.7 亿元，注册资本 15.83 亿元。其机械制造产业共有 56 家企业，占开发区产业总量的 14.36%，代表企业有丹佛斯有限公司、戴纳派克（中国）压实摊铺设备有限公司、艾默生过程管理（天津）阀门有限公司、巴哈斯—桑索霍芬（天津）机械有限公司，投资总额 39.22 亿元，注册资本 23.48 亿元；其生物医药产业现有 17 家企业，占开发区总量的 4.3%，代表企业有天津天狮集团有限公司、天津红日药业股份有限公司、天津赛诺制药有限公司，投资总额 7.16 亿元，注册资本 5.59 亿元；其汽车及零部件产业现有 16 家企业，占开发区产业总量的 4.1%，代表企业有中天高科特种车辆有限公司、丘比克（天津）转印有限公司、天津华住金属制品有限公司、那美钢（天津）汽配有限公司、马勒东炫滤清器（天津）有限公司、天津日进汽车系统有限公司、奥帕汽车配件（天津）有限公司，投资总额 25.6 亿元，注册资本 13 亿元；其新材料产业现有 50 家企业，占开发区产业总量的 12.82%。代表企业有麦格昆磁（天津）有限公司、天津 LG 新型建材有限公司、天津南玻节能玻璃有限公司、信义玻璃（天津）有限公司，投资总额 30 亿元，注册资本 16.95 亿元；其新能源产业发展前景远大，现有企业 6 家，占开发区总量的 1.5%，代表企业有艾尔姆风能叶片制品（天津）有限公司、天津永唐秦能源投资有限公司，投资总额 2.27 亿元，注册资本 1.04 亿元。

近年来，武清开发区积极探索转型升级新路径，创新驱动能力显著增强。武清开发区制定了《推进创新驱动发展战略的实施意见》及相关配套方法，推进科技创新和创新创业平台，引进高校院所科研项目 18 家、企业技术中心 4 个、工程技术中心 6 个，检验检测机构 5 个，正在建设生物医药产业研究院、北航智能制造研究院、物理医学与健康产业技术研究院、京津冀协同创新发展研究院、中文投文化产业园、人民币汇率交易所和公共检验检测中心。积极培育创新创业主体，引进科技型中小企业 192 家、新增"小巨人"企业 8 家，科技型中小企业总数达 765 家，"小巨人"总数达 99 家；协助 54 家企业申报专利补贴、16 家企业已获批区级专利试点企业，4 家企业申请创新券；协助 5 家新型企业家企业获批杀手锏产品；引进科投集团、114 信息平台，有力推动政产学研工作；筹备 45 家高新技术企业认定工作，9 家已通过市级认定；协助 11 家企业通过融资租赁加快装备改造升级。

4.2.1.2.4　子牙开发区产业发展情况

子牙开发区是全国唯一一家以循环经济为主导产业的国家级经济技术开发区和我国北方最大的循环经济园区，该开发区在节约集约利用土地、能源等方面表现优异，与国家下一步建设推广生态工业园区的发展趋势相一致，目前已经形成了废旧机电产品拆解加工、废弃电器电子产品拆解加工、报废机动车拆解加工、废旧橡塑再生利用、精深加工再制造和节能环保新能源等主导产业。

子牙开发区具备一定的产业基础，节能减排效果显著。目前，子牙开发区入驻企业343家，其中内资企业190家，外资企业153家。年拆解加工各类工业固废能力150万吨，每年可向市场提供再生铜45万吨、铝25万吨、钢铁30万吨、橡塑材料30万吨，其他材料20万吨。终端产品主要涉及再生铜、再生铝、木塑、塑料颗粒等，形成了覆盖全国各地较大的再生资源原材料市场。经初步测算，园区年生产45万吨再生铜，相当于江西铜业的年产量，比从铜矿中生产原生铜节约能耗236万吨标准煤，节水2800万吨，少排放二氧化碳35万吨，二氧化硫5.6万吨，综合节能率达80%～85%，减排80%以上。年生产再生塑料20万吨，节约石油120万吨，相当于辽河油田年产量的1/10，减排二氧化碳64万吨，节约能源85%、节省加工费70%～80%。

子牙开发区内专门设立了循环经济科技研发中心、再生资源研究中心、资源再生利用与再制造研究中心等六家产学研合作机构，先后被批准为"天津市专家服务基地""天津海外高层次人才创新创业基地""天津静海博士后创新实践基地"和"中国再生资源产业技术创新战略联盟科技创新产业化基地"。开发区汇集了中科院、北京化工大学、四川大学、南开大学、天津大学等知名科研院所的多学科研发力量，围绕发展循环经济、生态环境建设、资源综合利用等课题开展科技研发，形成了以企业为主体、市场为导向、产学研相结合的技术创新体系。

4.2.1.2.5 北辰开发区产业发展情况

根据天津统计局数据，2015年北辰开发区实现地区生产总值923.9亿元，比上年增长10.6%，其中，第二产业实现增加值558.1亿元，同比增长11.4%，对全区经济增长的贡献率达到71.2%，经济主导地位显著；第三产业实现增加值354.6亿元，增长9.1%。工业优势带动作用明显，装备制造业、生物医药产业、新能源新材料业和电子信息产业四大优势行业的产值分别为 1473.90 亿元、170.04 亿元、280.13 亿元和 46.74 亿元，占全区规模以上工业总产值的 82.54%。招商引资力度不断加大，2015 年实际利用内资额 644.4 亿元，比上年增长 26.6%；合同外资额 10.1 亿美元，实际利用外资额 11.3 亿美元，分别比上年增长 10.0% 和 11.6%。北辰开发区纳税总额、出口创汇、投资总额、申请专利和安排就业五大主要经济指标连续多年位居天津市诸多开发区前列，其经济总量占北辰区的 50% 以上。北辰开发区先后荣获"全国最具竞争力开发区百强""中国新能源产业园区百强"称号。2012 年 12 月被国家科技部认定为国家级高端数字装备高新技术产业化基地；2013 年 3 月国家新闻出版广电总局批准开发区建立国家级新闻出版装备产业园。

北辰开发区目前共吸引了 26 个国家和地区 500 多家企业来此投资，其中世界 500 强企业 23 家，已经形成了装备制造、生物医药、汽车配件、食品饮料、机电制造、橡胶制品、现代物流和新能源八大产业集群，构建起高端装备制造、原始创新、新能源新材料、新闻出版技术装备四大产业基地。其高端装备制造业基地重点发展专用设备制造、汽车配件产业等，代表企业有中国南车股份有限公司、中材装备集团有限公司、中国华电集团有限公司、中国海洋石油集团有限公司、中国机械工业集团有限公司等 14 家中央企业，还有德国西门子股份公司、美国 OI 分析仪器公司、瑞士 ABB 集团、韩国 LG 集团、丰田汽车公司等 23 家世界 500 强企业。其原始创新产业已引进中国船舶重工集团公司 707 研究所、中国船舶重工集团公司 718 研究所、中国北方发动研究所（天津）兵器 70 所、中国航天科工集团 8357 所天津英贝特航天科技有限公司、天津工程机械研究院等 12 家大院大所入驻，驻区企业高新技术产值占总产值的 80% 以上，区内有国家级企业技术中心和工程中心 4 家、市级企业中心 27 家，累计专利申报量 12592 件，位居天津市诸多开发区第一；其新能源新材料产业聚集了西门子机械传动（天津）有限公司、德国采埃孚股份公司、伍德沃德（天津）控制器有限公司、天津比克电池有限公司、中国海洋石油集团有限公司等企业，使得北辰开发区在经济发展方式上实现了资源消耗型向节能环保型的转变；其新闻出版装备产业是在全国首次提出并得到国家新闻出版广电总局的批准，产业定位以先进印刷设备、数字化出版技术装备、现代包装印刷、新闻出版发行为主导，北辰开发区依托天津长荣集团股份有限公司、天津富洲科技有限公司、天津中荣印刷科技有限公司等相关企业，建成国家新闻出版技术装备孵化区、3D打印技术装备引领区和云印刷示范区。

4.2.1.2.6　东丽开发区产业发展情况

根据天津统计局数据，东丽开发区2015年全区完成地区生产总值905.6亿元，比2014年增加10.0%，其中第二产业增加值480亿元，比上年增长11%；第三产业增加值421.4亿元，比2014年增长8.5%。东丽开发区积极承接非首都核心功能疏解，明确对接重点，组建专职队伍，驻扎北京招商，2015年全区引进内资项目1024个，实际利用内资689.5亿元，比上年增长12.0%；引进外资项目4个，实际利用外资8.9亿美元；实现外贸出口总额21.9亿美元，比上年下降18.2%。东丽开发区目前吸引了来自日本、韩国、美国、加拿大、法国、德国、新加坡及中国台湾等30多个国家和地区的1300多家中外企业投资，形成了汽车研发和汽车零部件、新能源新材料产业、电子信息产业、生物医药产业等支柱性产业，并相继荣获了天津市"创新型工业化示范基地""可持续发展示范区""科技创新体系试点""服务外包示范基地""环境模范园区""劳动关系和谐园区"称号。目前，东丽开发区汽车产业包括了上游汽车研发和下游汽车零部件企业，形成了较为完善的汽车产业链，特别是一批产业特色突出的业界龙头企业在园区内具有很强的引领带动作用。汽车研发及零部件、电子信息、新材料新能源三大支柱占区域经济总量的75.85%。①此外，由于东丽开发区处于空客A320飞机制造厂所在的天津市航空城

---

① 东丽经济开发区正式获批升级为国家级开发区，http://news.enorth.com.cn/system/2014/02/27/011709008.shtml。

范围内，所以还负责东丽航空产业园区的开发建设和管理，重点发展为航空航天领域产业配套的项目，以及电子信息、汽车、精密仪器、装备制造和生物制药等领域的项目。

4.2.2　不同开发区产业发展的人才供需分析[①]

历经 30 年建设发展，天津开发区从昔日规划面积不足 40 平方公里的盐碱田发展成为 400 余平方公里的先进制造业聚集区，更创造了适宜人才发展的产业环境、政策环境和人文环境。天津开发区人力资源总量不断扩大，人力资源素质不断提高，为天津经济发展和社会进步起到了积极的促进作用。随着京津冀协同发展、自由贸易区建设、滨海新区开发开放、国家自主创新示范区建设和"一带一路"建设五大战略叠加的历史机遇，天津市的各经济技术开发区普遍表现出对人才的旺盛需求。

4.2.2.1　开发区产业发展与人才供给的协同性分析

4.2.2.1.1　人才存量持续稳步增长相适应

天津开发区积极推行"人才强区"战略，积极构建国际化人才高地，人才资源总量不断增加。截至 2015 年底，天津开发区从业人员 51.02 万人，较 2011 年的 41.92 万人增加了 21.71%；六类人才总量达到 23.86 万人，较 2011 年的 14.8 万人增加了 61.21%。新建青年见习基地 15 个，累计青年见习基地 92 个。2015 年组织开展各类培训人数 2.17 万人，举办各类人才招聘会 47 场，与国内 32 所"985""211"高校建立长效合作机制，引进大学毕业生超过 3 万人。

4.2.2.1.2　制造业的高层次人才队伍规模扩大

2015 年，天津开发区高层次人才已超过 15000 人，较 2011 年的

---

① 天津开发区自 1984 年建立以来，区域不断扩展，并在武清、西青滨海新区设立了工业园区，覆盖区域 400 平方公里，考虑到区域扩展的范围及人力资源流动性等特点，本书重点研究了天津市及天津开发区的人才资源开发情况，并用来代表天津市国家级经济开发区的人力资源开发状况。

9000 人增长了 66.7%。2011～2015 年，累计引进院士 21 名，享受"国务院特贴""政府特聘"和"突出贡献"专家 100 名，引进海外留学归国人员超过 4000 人。入选国家"千人计划"28 人，天津市"千人计划"69 人，"京津冀生物医药领军人才"14 人，建立企业博士后流动工作站 65 个，博士后创新实践基地 25 个，累计引进博士后 300 余人。

4.2.2.1.3　产业人才供给源增加，促进人才构成多元化

天津开发区一直致力于拓展多元化的人才供给渠道，目前已经形成了高等院校、猎头服务、职业培训机构等多元化的企业人才供给渠道。

天津目前共有 55 所高等院校，2014 年高等学校毕业生总数达 12.35 万人，其中硕士以上研究生 1.58 万人。天津大学、南开大学、天津医科大学等一批国内知名的国家"985""211"高等学校，每年的毕业人数近 2 万人。开发区每年统一组织区内企业奔赴全国各地重点院校实施高校招聘工作。涵盖东北、西北、西南、华中、华东、北京、天津等地的 30 多所国内重点高校。

中高端人才的供给渠道主要来源于猎头服务和国内专业的招聘结构。开发区每年组织区内企业组成开发区招聘团，与国内多省市的人才招聘机构或者猎头公司合作，举办泰达专场，招募中高端人才。

天津开发区内还有专业的职业培训机构，如天津开发区职业技术学院及天津瑞云通信科技有限公司、中软卓越信息技术有限公司等行业与教育服务提供商。天津开发区职业技术学院开设了 22 个专业，按照产业和企业的用人标准，培养输送高素质技能型人才，学院成立以来已经向天津开发区及滨海新区输送毕业生上万名；天津瑞云通信科技有限公司是国内领先的电子信息领域产业服务与教育服务提供商，独特的人才定制服务模式——人才实训基地的运作，借助真实产业项目的实战训练，快速提升企业所需人才的实际工作能力和技能水平，形成一个具有专业就业能力、标准化人才输出的平台，能够输送出更契合客户企业要求的专业技术人才；天津开发区中软卓越信息技术有限公司主要面向高等院校及其学生提供以就业为导向的实训、就业培训，获得商务部全国

唯一授权"中国服务外包天津培训中心"资质。

4.2.2.1.4　区域产业人才子生态系统逐步形式，服务质量不断提升

随着发展方式的加快转变和产业结构优化升级，各领域对人力资源服务的需要越来越迫切。天津市政府在《天津市服务业"十二五"规划》中就已经明确提出"探索发挥人力资源服务聚集效应和产业化发展的新思路、新途径、新举措，促进人力资源服务业繁荣发展"。随着天津市政府机构改革及对人力资源市场实施统筹管理以后，天津市人力资源服务发展规模不断扩大，各类人力资源服务机构数量快速增长。从2007 年的不到 500 家增加到 2012 年的 1000 家，年均增长 14.87%。公共就业和人才服务机构日益扩大，基层服务平台覆盖 241 个街乡镇、3859 个行政村。就业训练、创业培训、职业技能培训、社会培训服务机构超过 600 家。全行业从业人员超过 2 万人，经营收入达到 260 亿元，形成了覆盖广泛、服务深入的产业人才服务体系。[①]

4.2.2.1.5　产业人才服务主体趋向多元化

天津市取得人力资源服务许可证的 340 家人力资源服务机构中，政府所属的 42 家，占 12.4%；行业所属的 122 家，占 35.9%；民营、合资的 176 家，占 51.7%。人力资源服务业的市场竞争主体已经形成了国有机构（包括国有企业和事业单位）、民营企业、中外合资企业并存的格局，涌现出了北方人才市场、中天人力等一批规模化发展的国有机构，此外还有一大批实力日渐壮大的民营机构。各类机构提供的人力资源服务内容已从最初提供的人才招聘、劳务派遣、职业介绍、档案管理等简单服务，逐渐向网络招聘、人力资源培训、人员测评、高级人才访聘、人事劳务外包、管理咨询等中高端各个领域拓展，服务层次不断提升，产业化进程加速。

4.2.2.1.6　区域产业人才政策体系不断健全完善

天津开发区紧紧围绕区域经济发展和产业机构优化升级的需要，密

---

① 促进天津市人力资源服务业，加快发展的政策措施研究，天津市人力资源和社会保障局调研报告。

切跟踪上海、深圳、苏州和北京的人才政策，结合开发区的产业发展特点，形成了相对完善的人才政策体系。2001 年天津经济技术开发区管委会发布了《天津经济技术开发区鼓励高级人才入区的暂行规定》，首次明确规定了高级人才的条件和满足条件的高级人才落户开发区所能得到的优惠和补贴。2002 年 1 月出台《天津经济技术开发区鼓励高级人才入区的规定》，对拥有发明创造的创业型高级人才的引进和扶持做出了具体规定。2006 年 8 月 30 日天津经济技术开发区管委会颁布了《天津经济技术开发区人才引进、培养与奖励的规定》，支持和鼓励人才的引进、培养和奖励。该规定扩大了适用范围，将技术人才、管理人才和技能人才纳入其中，最大限度满足企业对人才的需求，此外也扩大了对人才的扶持力度，不仅鼓励人才引进，对人才的培养和技能提升也给予大力支持。2012 年天津经济技术开发区发布了《天津经济技术开发区"十二五"人才规划》及《天津经济技术开发区关于全面构建人才高地的实施意见》，同时出台了 8 项具体的人才扶持政策。这些具体的人才扶持政策包括《天津经济技术开发区人才发展专项资金管理暂行办法》《天津经济技术开发区人才工作评优表彰管理暂行办法》《天津经济技术开发区引进科技创新创业领军人才管理暂行办法》《天津经济技术开发区博士后工作管理暂行办法》《天津经济技术开发区人力资源保障专项补贴管理暂行办法》《天津经济技术开发区职业技能培训管理暂行办法》《天津经济技术开发区高校大学生实习管理暂行办法》和《天津经济技术开发区职业技术院校学生实习管理暂行办法》。涵盖了领军人才、技能人才、人才奖励等多方面的内容。如《天津经济技术开发区人才发展专项资金管理暂行办法》中规定，天津开发区将每年设立"泰达人才发展专项资金"，主要用于对符合开发区专项人才政策规定的国内外各类优秀人才、科研团队、企事业单位进行奖励、资助、补贴，并提供科研启动经费等，同时用于支持各类人才专项活动及相关项目的开展。每年度资金额度为不超过开发区可支配财政收入的 3%；《天津经济技术开发区引进科技创新创业领军人才管理暂行办法》规定，经专家评审委员会评审确定为Ⅰ类的领军人才项目，给予最高不超过 500 万元的项目启动资金资助和相关奖励；经专家评审委员会评审确定为Ⅱ类的领军人才项目，给予最高不超过 100 万元的项目启动资金资助和其他奖励。

4.2.2.2　区域产业人才子系统的需求分析

4.2.2.2.1　产业高端创新型人才匮乏

随着京津冀协同发展、自由贸易区建设、滨海新区开发开放、国家自主创新示范区建设和"一带一路"建设五大战略叠加的历史机遇，天津市的各经济技术开发区普遍表现出对高层次人才的渴求。从现有人才供给来看，高层次人才总量上虽有明显增长，但与经济社会发展的需要还存在差距，特别是一些战略新兴产业、重点支柱产业和社会发展重要领域所需要的高层次创新创业人才、产业发展领军人才仍然比较缺乏。天津市委办公厅、市政府办公厅 2014 年印发《关于抢抓京津冀协同发展机遇加快集聚高层次人才的意见》，围绕落实京津冀协同发展重大战略集聚高层次人才。高层次人才主要是指掌握自主知识产权或关键技术的专家、学者、高级研发人才，具有良好创业或工作经历的企业家和高级经营管理人才，天津市支柱产业、战略新兴产业、现代服务业领域急需的高级专业技术人才，国内外知名高校和科研院所博士后、博士等。2015 年，天津市发布的高层次人才引进计划征集岗位 627 个，覆盖航空航天、石油化工、装备制造、电子信息、生物医药、新能源新材料、轻工纺织、国防科技八大支柱产业和节能环保、高端装备等战略新兴产业；2016 年，天津将深入实施全球纳贤计划，组织海外人才需求信息全球发布，征集岗位提高到 1053 个，覆盖航空航天、生物医药及高性能医疗器械、新一代信息技术、新能源新材料、高端装备、现代石化等战略性新兴产业以及金融、教育、医疗卫生领域。

4.2.2.2.2　区域内制造业企业对技能型人才需求迫切

天津市的经济技术开发区经过多年发展，大多形成了先进制造业带动的战略发展格局，部分开发区已经达到了技术集约型和产业高端化阶段，如天津开发区以电子通信、汽车、装备、食品、机械、生物医药、新能源新材料、航天作为八大支柱产业，其先进制造业不断做大做强；西青开发区以电子信息、装备制造、服务外包、新材料和新能源、生物医药作为主导产业；武清开发区高端制造业已经形成了电子信息、机械制造、生物医药、汽车及零部件、新材料、新能源等六大主导产业。各开发区都致力于改造传统制造业，积极提升创新能力。根据《天津开发区人力资源和社会保障事业发展"十三五"规划》，天津开发区"十三五"期间人才资源总量达到 25 万人，高技能人才将达到 1.5 万人，《天津滨海新区重大人才工程实施意见》则明确提出 2020 年各类技能操作人员的需求量将达到 30 万人。从企业调研情况看，天津三星系、鸿富锦等为代表的大批企业产能规模近年来不断扩大，对技能操作人员的需求急剧增长，预计年需求在 3 万人左右。总之，随着天津市各经济技术开发区产业结构的不断升级，高技能操作人才需求旺盛，中低层次技能操作人员需求不减将成为常态。

4.2.2.2.3 区域产业发展对专业技术人才的学习能力和实际工作能力培养力度加大

随着技术更新速度和产业结构的升级，各行业和领域的技术水平和产品的科技含量明显提高，天津各经济技术开发区都亟须大批建设型人才来满足自身发展的需要。从李静针对天津开发区 200 家企业调研的结果看，企业对人才的需求表现出两个明显的特点：一是注重人才的学习能力，即其学历和专业素质；二是人才的实际工作能力，即其实践技能和工作经验。[①] 从天津各开发区的企业招聘人才的需求看，企业不仅对学历和专业具有一定的标准，对工作经验和实际技能也都提出了相应的要求。从乔章凤对天津 150 家制造业企业的调研结果看，随着制造业的加速发展，企业对高学历、高职称等高素质技能人

---

① 李静. 高科技中小企业人才需求问题与解决途径探索 [J]. 科学观察，2013.5。

才的需求越来越大。①

4.2.3　天津开发区区域产业人才协同发展存在问题分析

第一，人才队伍建设尚不能满足经济快速发展下的人才需求。随着天津市各经济开发区的快速发展，从业人员数量迅速增长，天津市从业人员数量从 2011 年的 763.90 万人增加到 2015 年的 896.80 万人，各类人才数量也有着不同程度的增加。随着产业结构的调整和升级，高新技术研发和先进制造业的发展对人才的专业和素质提出了更高的要求。目前的人才队伍建设依然不能满足经济快速增长下的人才需求，多个行业领域出现了各类人才需求的缺口，如天津开发区电子通信产业的发展，吸引和培育了大批电子通信类专业人才。然而，随着产业链条的升级和不断完善，电子通信产业类缺乏相应的高级研发人才和高级技能人才，生物技术、现代医药和化工、汽车制造业等国内新兴产业的崛起，也使开发区面临这几大类产业所需的领军人才、高级研发人才、专业技术人才和高技能型人才缺口较大、储备不足的威胁。从原因看，一方面，由于天津与北京及国内其他发达地区在经济人文环境、教育医疗环境和生活待遇等多方面还存在一定的差距，难以留住高层次人才；另一方面，则是职业教育和培训体系不足，导致人才素质难以满足快速发展的产业要求。

第二，企业人力资源开发建设不足。目前，一些企业对人才只重视使用，而轻视培训和开发。根据周艳对天津开发区企业的调研结果，近 80% 的企业对员工培训的投入低于年销售额的 1%，而同类国际大公司的培训预算平均为年销售额的 1.5%，② 多数企业对员工的培训局限在企业自身开展的入职培训和老员工对新员工在日常工作中的指导和技术传授，很少引入外部培训机构提供系统化、专业化培训，在培养目的上

---

① 乔章凤. 天津先进制造业高技能人才培养研究 [J]. 理论与现代化，2015.5。
② 周艳. 天津开发区人才竞争力研究 [D]. 天津：天津大学，2008。

也主要着眼于提高员工应对现有工作、现有设备的具体技能，缺乏对员工培训的中长期规划。同时，天津开发区内部分企业缺乏必要的人力资源管理制度，特别是企业内部对人才的使用、激励机制还不健全。从原因看，许多初创期和成长期企业普遍不愿投入过多资源对员工进行培训，部分企业是由于自身实力较弱，导致培训投入不足。

第三，人力资源服务机构专业化程度不高。虽然天津市的人力资源服务业发展较快，但是总体上看仍处于粗放式发展阶段。目前人力资源服务的层次和技术含量偏低，以劳务派遣、人事代理、招聘存档等低端服务为主，服务功能单一，产品同质化严重。大部分人力资源服务企业中高端服务和产品开发能力弱，缺乏高级人才寻访、管理咨询、服务外包等中高端服务产品，不能满足客户初、中、高级的多层次服务需求。从业人员素质整体不高，多数人力资源服务机构专门人才储备不足，仅有30%的从业人员具有相关专业背景，与国内外先进地区人力资源服务机构在综合能力方面存在明显差距，国际竞争力相对薄弱。

4.3　河北省国家级经济技术开发区产业经济发展现状分析

4.3.1　河北省区域内开发区产业发展状况

4.3.1.1　区域内开发区产业生态位独特性

河北省目前共有6个国家级经济技术开发区，分别是秦皇岛经济技术开发区（本书简称秦皇岛开发区）、廊坊经济技术开发区（本书简称廊坊开发区）、曹妃甸经济技术开发区（本书简称曹妃甸开发区）、邯郸经济技术开发区（本书简称邯郸开发区）、沧州临港经济技术开发区

（本书简称沧州开发区）和石家庄经济技术开发区（本书简称石家庄开发区），各开发区的基本情况见表 4 - 2。

表 4 - 2　　　　　　　　　　河北省国家级开发区基本情况

开发区名称	成立时间	规划面积（平方千米）	主导产业
1. 秦皇岛开发区	1984 年 10 月	128	数据产业为突破口，大力发展节能环保、数据、新能源、生物工程四大战略性新兴产业
2. 廊坊开发区	2009 年 7 月	38	电子信息、机械设备制造业、新能源产业、现代服务业
3. 沧州开发区	2010 年 11 月	118	石油化工、装备制造、电力能源、现代物流产业为主的产业集群
4. 邯郸开发区	2013 年 11 月	19.1	白色家电、新能源新材料、智能制造、医药食品、电子信息及生产性服务业
5. 曹妃甸开发区	2013 年 1 月	14.48	四大产业：港口、化工、钢铁、电力
6. 石家庄开发区	2012 年 10 月	26.38	轻纺、医药、电子、机械、化工为主

资料来源：项目组研究整理。

　　这六个开发区大多位于港口、环京津周边、大学城及省中心区，经过多年的发展，这些开发区建设成绩显著，在省内已经形成了较为持久的产业吸引力与人才竞争优势，发挥了示范与带头作用，有力地促进了河北地区经济社会的全面发展，提升了河北城市竞争力，也为京津冀协同发展战略奠定了重要的基础。

　　相关学者的研究表明，依据不同资源禀赋特色，一般将开发区分为产业型、外向型、高新型和混合型四个类型。[①] 在河北省 6 个国家级开发区中，按照上述分类标准，秦皇岛开发区、廊坊开发区属于外向型开

　　① 赵晓冬，吕爱国，李新国. 国家级经济开发区的三维关联度 [J]. 开放导报，2016（8）。

发区；曹妃甸开发区、沧州开发区属于产业型经济开发区；石家庄开发区属于高新型开发区；邯郸开发区属于混合型开发区。在上述 6 个开发区中，秦皇岛开发区成立时间最早，发展历程最长，本节将重点以秦皇岛开发区为例分析河北国家经济技术开发区的产业发展基本情况，其他开发区将简要分析。

4.3.1.2 区域内产业结构功能分析

河北省六个国家级经济开发区自组建以来，经济总量不断增长，在经济总量增长的同时，产业结构也在不断优化和调整中。

以历史最久的秦皇岛经济开发区为例，见表 4 - 3，从 1984 年设立发展至今，大体经历了创业起步、快速发展、跨越发展、转型发展四个阶段。

表 4 - 3   秦皇岛开发区发展阶段及主要特点

发展阶段	依靠条件	累计生产总值（亿元）	累计固定资产投资（亿元）	财政收入（亿元）	吸引资金	
					外资（亿美元）	内资（亿元）
创业起步阶段（1984～1991 年）	税收优惠政策	1.44	13.00	0.42	0.19	1.80
快速发展阶段（1992～1999 年）	完备硬件环境	61.05	83.76	13.62	7.76	48.49
跨越发展阶段（2000～2007 年）	完善产业配套环境	538.89	172.99	56.88	34.87	192.31
转型发展阶段（2008～2011 年）	完善投资环境	700.33	312.07	93.21	6036	292.06

资料来源：《秦皇岛经济技术开发区年鉴 2014》。

秦皇岛开发区经过 30 余年的发展，现在已经成为 ISO14000 国家示范区。近年来，秦皇岛开发区经过不断发展，经济总量呈现阶段性平稳增长，如图 4-8 所示。

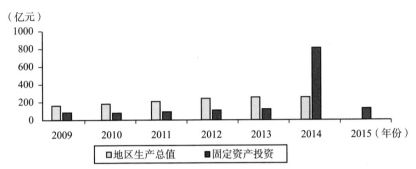

图 4-8　2009~2015 年秦皇岛经济技术开发区生产总值及固定资产投资

资料来源：历年《秦皇岛经济技术开发区年鉴》。

　　秦皇岛开发区在其经济总量不断增加的同时，产业结构也在不断地调整和优化，不断地推进产业升级，发展质量和效益明显增强，第二产业和第三产业的增加值持续增长，如图 4-9 所示。

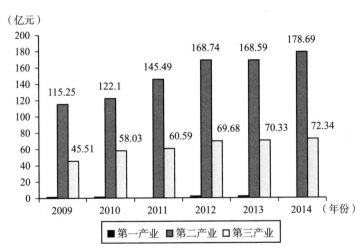

图 4-9　2009~2014 年秦皇岛经济技术开发区三次产业的增加值

资料来源：历年《秦皇岛经济技术开发区年鉴》。

石家庄开发区，自 2012 年 10 月晋升为国家级经济技术开发区后，注重科技引领、创新驱动。2016 年 1～10 月，石家庄开发区已经完成地区生产总值 241.5 亿元，同比增长 15.8%；主营业务收入 1019.3 亿元，同比增长 16.5%；税收完成 45.46 亿元，同比增长 16.7%；公共预算收入完成 8.77 亿元，同比增长 20.3%。在 2016 年河北省各开发区综合考评中，石家庄开发区综合实力由 2015 年的省内第 8 名跃至第 3 名。

廊坊开发区 2017 年实现地区生产总值 392 亿元，同比增长 8%；全部财政收入迈上 70 亿元台阶，达到 71.5 亿元，其中地方公共财政预算收入完成 18.9 亿元，同比增长 13.5%。

2016 年上半年，曹妃甸开发区完成工业增加值为 329.9 亿元，工业总产值为 146.8 亿元，贸易进口总值 6013 万美元，贸易出口总值 3535 万美元，固定资产投资完成额为 339.26 亿元。

4.3.1.3 区域产业规模发展分析

河北省各开发区积极制定优惠政策，加大吸引资金力度，使工业投资总额和大型项目引进数量均快速增长。

截止到 2016 年 9 月，石家庄开发区内注册企业 715 家，工业总投资达 600 多亿元，建成较大规模项目 163 个，形成了以华北制药集团有限责任公司、石药控股集团有限公司、石家庄四药有限公司等知名医药企业为代表的生物医药产业集群。目前该开发区已经形成了以河北宏昌天马专用车有限公司、河北中农博远农业装备有限公司、河北太行机械工业有限公司为代表的装备制造产业集群，以石家庄卷烟厂、青岛啤酒股份有限公司、中粮可口可乐饮料（河北）有限公司、益海（石家庄）粮油工业有限公司为代表的轻工食品产业集群，以河北四方光通通信技术有限公司、河冶科技股份有限公司为代表的战略新兴产业集群，产业结构优化，发展动力强劲，这些产业集群已经成为开发区及石家庄经济增长的重要引擎。

邯郸开发区工业聚集效应显著，目前已进驻两千余家企业，其中工业企业 90 家，建设项目 115 个，总投资 385 亿元。2016 年，廊坊开发区共实施亿元以上项目 22 项，其中续建项目 15 项，新开工项目 7 项，总投资 605.5 亿元。

2016 年上半年，曹妃甸开发区在建重点项目 77 个，总投资 1011.2 亿元；新开工项目 26 个，总投资 454.5 亿元；实际利用外资共 10193 万美元，引进省外资金 135.93 亿元。

4.3.1.4 区域产业中新兴产业种群涌现

如图 4-10 所示，河北省各开发区坚持推进产业升级，发展质量和效益明显增加。秦皇岛开发区自 2008 年起，着手推进产业转型升级，已经取得了很好的成效。截至 2013 年，全区完成高新技术产业产值 280 亿元、利润 19 亿元，分别占全区总量的 42.6%、88%，以不到一半的投入创造了近 90% 的利润；同时，开发区 2013 年实现规模以上工业企业利润 21.7 亿元，2014 年实现规模以上工业利润 24.60 亿元，占秦皇岛全市的 86.3%。秦皇岛开发区以项目育产业、促调整、优结构，努力扩大现有战略性新兴产业规模，打造产业亮点。该开发区近年来重点推进中信戴卡 KSM 汽车轻量化、北大医疗健康产业基地等项目建设，发挥企业龙头作用，引领产业整体升级；同时大力发展技术服务、金融保险、商贸物流、服务外包等生产性服务业，促进服务业与工业产业融合发展。

石家庄开发区近年来不断加大对高新技术企业的扶持力度，出台了一系列扶持政策，实施了高新技术企业和科技型中小企业培育工程，出资 260 万元重奖了 13 家科技示范企业；出台了支持科技创新 9 条措施，每年拿出区财政支出的 5% 用于激发企业创新；扶持能客微工厂·众创空间、颐高科技孵化器等平台建设，推动万众合佳科技有限公司、河北海力香料股份有限公司、诚业机械科技有限公司、河北吉美达股份有限公司 4 家企业在新三板成功上市。在政策扶持下，企业科技创新水平不断

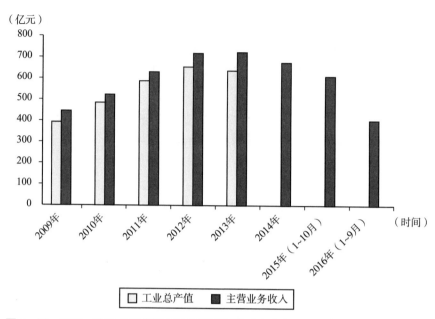

图4-10 2009～2014年秦皇岛经济开发区规模以上企业工业总产值及主营业务收入

资料来源：历年《秦皇岛经济技术开发区年鉴》。

提高，突破了一批产业关键核心技术，涌现出越来越多的"开发区设计""开发区智造"和"开发区创意"，开发区已经成为河北省投资置业、创新创业的"科技高地"。

经过不断培育和发展，廊坊开发区的优势产业的聚焦度得到不断提升。近年来，开发区进一步完善制造业产业链，积极引进华为、中国联通、润泽科技等一批优质项目。目前，装备制造、汽车零部件、电子信息产业已成为该开发区支柱产业，形成了现代装备制造、汽车零部件、信息服务、云数据产业链。

邯郸开发区在"十三五"规划中，提出重点发展高端装备制造、新能源新材料、电子信息、智能制造等产业。为此开发区成立六个招商分队，建立10亿元产业基金，2016年上半年对接项目150多个，签约重点项目16个，总投资190亿元，中捷产业园区、广州王老吉药业股份有限公司等一批新兴产业项目签约落地。

沧州临港经济技术开发区以现有的环境资源条件、经济发展空间和产业发展为基础，以引进高科技、高附加值项目为重点，立足港口优势，增强开放活力，以石油化工产业为主，配套发展现代装备制造业和现代仓储物流业，重点发展新材料、节能环保等新兴战略性产业。

曹妃甸开发区在临港产业聚集、协同发展示范区建设、世界级石化产业基地建设、中日韩循环经济示范基地建设、综合保税区建设、天津自贸区政策延伸上实现了新突破，目前正加速港口贸易、精品钢材、装备制造等主导产业和新能源、电动汽车、新材料等战略性新兴产业建设，涉及项目200多个，总投资2300多亿元。

4.3.1.5　京津冀区域协同战略对河北产业经济结构调整的拉动作用分析

在京津冀协同发展大背景下，秦皇岛开发区不断深化与中关村海淀园合作，推进各类创新要素聚集，全力推动恒业科技等项目建设，做实中关村海淀园秦皇岛分园。从秦皇岛经济技术开发区管理委员会官网了解到，开发区成立了数谷翔园京津高校科技成果转化基地和中科院基地，为吸引大专院校、科研院所优质项目，促进高端人才、技术、项目在秦皇岛开发区的聚集，提升开发区整体科技水平，推动经济社会发展，开发区管委将引进的清华大学秦皇岛智能装备研究院、天津大学秦皇岛环保研究院、北京化工大学环渤海生物产业研究院等大专院校、科研院所项目集中摆放在数谷翔园，形成数谷翔园京津高校科技成果转化基地，强化"科学家+企业家"合作模式，快速形成科技创新成果共享和转化平台，做强秦皇岛经济技术开发人才创新生态园区。

石家庄开发区抓住京津冀协同发展重大机遇，引进科技含量高的项目，积极打造"科技高地"。开发区发挥非首都功能疏解"微中心"作用，与北京开发区进行多次对接，有力推动了招商引资和项目建设。截至2017年1月，9个续建项目进展顺利，其中，河北友来大运工程机械有限公司、桃李面包股份有限公司已竣工投产；年内新开工项目20

个，苏宁云商集团股份有限公司、石家庄宇惠制药有限公司、河北飞诺迪电子科技有限公司、河北柯瑞生物医药有限公司等项目可实现投产；新签约平安产业园、石家庄君益湘江企业管理有限公司等项目 11 个，总投资 52.8 亿元；投资 100 亿元的大数据中心、投资 6 亿元的科一重工机器人制造、投资 5 亿元的中国中医科学院三甲专科医院等一批重大项目达成合作意向。[①]

廊坊开发区充分发挥邻近京津和产业优势，积极参与京津冀生产力布局调整和产业链重构，成立了产业、金融、科技、教育等六个对接北京的工作小组，在承接产业转移、引进人才技术、扩大消费市场等方面主动对接、融入和服务京津，借势借力推进产业高端化发展。该开发区先后引进了中科院科研院所、华创天元等一大批高水平项目，形成与北京互为补充、互为支撑的产业格局。

邯郸开发区抢抓京津冀协同发展机遇，引入北京大学创新产业园、中科院创新研究院、清华大学新材料研究院等产学研项目，引进专利技术 120 余项、高层次专业人才 300 多人，为促进园区产业结构的优化升级创造了有利条件。

曹妃甸开发区聚焦北京的非首都核心功能，承接的一批高端项目开工建设。首钢京唐二期等总投资近 1000 亿元的 16 个高端项目在曹妃甸集中开工。河北天堃实业有限公司、汉能薄膜电池组件、鹰目（曹妃甸）精密钣金、京禾果菜仓储物流等项目正在加快建设。2016 年底前，北京城建重工有限公司新能源汽车、保利通信有限公司北斗二代 CAPS 系统研发和生产基地等 10 个北京合作项目开工。目前，曹妃甸与北京合作落地项目达到 27 项，总投资 700 亿元，在谈项目 100 多项。2016 年 8 月，保利通信北斗二代 CAPS 系统研发和生产基地项目等总投资 184.3 亿元的 8 个项目集中签约，9 月，又有森田（曹妃甸）国际环保科技园等 15 个重点项目签约，总投资近 500 亿元，项目涉及旅游、服

---

① 南昌国家高新技术开发区. 转型升级牵引石家庄开发区跨越赶超［EB/OL］.（2017 - 01 - 06）. http：//www. nchdz. com/id_40288282594849390 1596fc520f46226/news. shtml.

装、建材、金融、生态农业、环保科技、制造等诸多方面。

　　沧州临港开发区成为北京生物医药产业转移基地，2015 年 1 月，首批 22 家北京医药企业签约入驻开发区，总投资 61 亿元，目前已有 20 余家企业在开发区生物制药园区开工建设。京津冀产业转移迈出了实质性的一步，也探索出了一个京津冀协同发展的新模式——园区由京冀两地共建共管，北京医药企业保留京籍，由北京市食品药品监督局实施跨区监管；企业总公司注册在北京，分公司注册在河北，京冀两地共享分公司产生的税收和收益，分配比例向河北倾斜；依托两地产业资源禀赋优势，进行生物医药全产业链规划，京冀两地共同构筑高精尖产业结构，实现多方共赢。预计"十三五"期间，仅生物医药园就可吸引医药企业 100 家，实现投资 500 亿元，产值超千亿元。沧州开发区将这一成功经验应用到其他产业园区的开发建设当中，重点打造的石化产业园、新材料产业园、生物医药产业园等 10 大区中园相继进入实质性操作阶段。到 2016 年上半年，开发区已建成投产超 10 亿元以上项目 30 多个；到 2015 年底，累计承接京津产业转移项目 61 个①。

4.3.2　区域产业人才子系统现状分析

　　河北省 6 个国家级经济开发区主要分布在河北省沿海及京津周边区域，其人才资源开发现状与河北省总体人力资源开发状况密不可分。从考察河北省人力资源存量状况可以大体推断出 6 个国家级开发区的人力资源现状，而河北省人力资源共享储备是这 6 个开发区最重要的人才储备来源。因此，深入考察河北省人力资源供给现状是描述开发区人力资源开发状况的基础。为了加强对人才工作的指导，河北省政府发布了《河北省中长期人才发展规划纲要（2010～2020 年）》，纲要指出，到 2020 年，河北人才发展的总体目标是：人才总量稳步增长，人才素质、

———————
　　①　河北新闻网．沧州临港开发区去年签约京津项目 61 个［EB/OL］．（2016 - 1 - 28）．http://hebei. hebnews. cn/2016 - 01/28/content_5312769. htm.

结构、布局、环境得到明显优化，人才工作体制机制改革取得重点突破，与现代产业体系相适应的人才支撑体系得以建立，支柱产业和一些重点科技领域的人才优势基本形成，人才资源开发能力、人才队伍整体实力、竞争力及人才使用效能大幅度提升，使河北进入人才强省之列。在这一规划纲要的指导下，河北省近几年人才供应的数量、质量和结构都得到了进一步的优化，为6个国家级开发区的人力资源开发提供了前提条件。

4.3.2.1 区域产业人才供给状况分析

4.3.2.1.1 产业人才存量分析

近年来，河北人才发展无论从总量、密度、人才储备和人才效能均保持增长态势。截至2012年底，河北省人才资源总量达到5515999人，比2011年增加450300人，人才总量数值前三名地区是石家庄、邯郸和唐山。2012年全省人才密度11.51%，比2011年增长0.72个百分点，人才密度前三名地区分别是邯郸、廊坊和唐山。截至2014年底，河北省普通高校118所，在校生为116.4万人，毕业生34.4万人，在校研究生38450人，其中博士2535人，硕士35915人[①]。在人才效能上，据《2013～2016年河北发展蓝皮书》显示，河北省每百万元GDP人才效能为2.076人，与2011年大体持平。从区域分布看，人才效能指数从低到高依次为唐山1.131、秦皇岛1.845、沧州1.901、石家庄2.040、廊坊2.247、张家口2.271、承德2.333、保定2.423、邯郸2.726、衡水2.758、邢台3.060。从上述指标可以看出，6个国家级开发区中，石家庄、邯郸、和唐山的人才总量分列河北省人才总量城市前三名；邯郸、廊坊和唐山位居河北省人才密度前三位；从人才效能指数来考察，前5位均是国家级开发区所在城市。因此，从人才供给的大环境来看，这6个国家级开发区的人才总量和质量在河北省均居于前列，处于领先水平。

从秦皇岛市人才情况看，秦皇岛市人才密度为10.47%，在河北省

---

① 河北社科院.2015年河北人才发展报告［M］.河北人民出版社，2016.3.

排名第三位，拥有燕山大学、东北大学秦皇岛分校、河北科技师范学院、河北外国语学院等高等院校 13 所，秦皇岛技师学院、秦皇岛市中等专业学校、中铁三桥集团高级技工学校等中等职业学校 34 所。共有在校生 20 万人，每年毕业生达 5 万人。秦皇岛开发区全区人才总量达到 45545 人，人才密度达到 30% 以上。[①]

从沧州市人才情况看，沧州化工产业经过 40 多年的发展，培养和积累了大批的化工生产、管理人才，形成了一套比较科学的管理体制，提供了人才和管理基础。据沧州临港经济开发区网站不完全统计，沧州现有化工产业工人 3 万多人，技术人员 8000 多人，其中具有中级以上职称的达 3000 多人，具有高级职称的 800 多人。有国家级技术中心 2 个，省级技术中心 3 个。沧州开发区附近有北京交通大学海滨学院、河北农业大学渤海校区及河北工程技术高等专科学校等多所大中专院校。距沧州开发区 2 小时车程内的北京、天津高等学府和科研院所众多，可满足企业高端人才需求，与北京大学、天津大学、北京化工大学、北京理工大学、北京化工研究院、中国石油化工研究院等国内知名大学和科研院所建立了长期密切的战略合作伙伴关系。

4.3.2.1.2　高端创新型产业人才供给状况分析

从《河北省中长期人才发展规划纲要（2010～2020 年）》制定以来，河北省人才政策不断完善，就高层次人才队伍建设、海外人才引进、技能人才培养等方面出台了系列政策性文件，为人才工作和人才队伍建设奠定了基础。河北省人才的投入逐渐增加，2012 年河北省关于人才研究与发展的经费支出为 230 亿元，比 2011 年增长 14%，占全省生产总值的 0.87%，同比提高 0.05 个百分点。全年专利申请量 23241件，授权量 15315 件，分别比 2011 年增长 32.1% 和 37.3%。随着人才载体的不断增加，河北省 2012 年新增国家认定高新技术企业 100 家，培育重点高新技术企业 37 家，全省规模以上高新技术企业达 2000 家。

---

① 秦皇岛开发区打造"大众创业，万众创新"新高地. http：//www.mwnews.cn/html/71/2016 - 09 - 27/09471522685.shtml。

在节能环保上，新一代信息技术领域新建设 20 个工程技术研究中心，建立了 2 个省级重点实验室，新建省级产业技术研究院 4 家，建成省级以上科技企业孵化器 37 家，新建院士工作站 20 家等高技术人才载体促进高层次人才的发展。截至 2013 年，河北省省级以上专家 6309 人，其中院士 15 人，全国杰出专业技术人才 4 人，国家有突出贡献专家 61 人，享受国务院政府津贴专家 2167 人，国家"四个一批"人才 12 人，国家"百千万人才工程"国家级人选 34 人，"百人计划"34 人，省管优秀专家 325 人，省级突出贡献专家 1643 人，省优秀专业技术人才 60 人，省社科优秀青年专家 96 人，省"四个一批"人才 80 人，省社科专家"五十人工程"89 人，省优秀出国培训专家 864 人，省"三三三人才工程"，一层次人才 79 人，二层次人才 683 人。高层次人才的不断成长壮大为进一步推动河北经济社会发展注入了活力。[①]

河北全省范围内高层次人才规模的扩大，为 6 个国家级开发区的高层次人才的引进和培养创造了基础条件。以石家庄开发区为例，由于该开发区深入实施"人才强区"战略，鼓励企业引进高层次人才，坚持招项目和引人才创项目并举。2015 年以来，该开发区引进博士及以上人才 37 名，鼓励科研机构、重点实验室和众创空间、科技孵化器建设，与河北科技大学签署战略合作协议，搭建了产学研合作平台。按照"科技引领、产城互动、转型升级、总量倍增"思路，在科技创新、项目建设、经济发展上均取得了良好业绩。

4.3.2.1.3　区域产业人才培育状况分析

培训是人力资源开发的重要手段，随着河北省人力资源开发工作的深入推进，人力资源培训力度也在不断增加，这也为 6 个国家级开发区人才质量的提升创造了有利条件。2013 年末，全省共有技工学校 170 所，比 2010 年的 166 所增加了 4 所，在校生 13.5 万人。2010～2013 年技工学校面向社会开展培训累积 66.1 万人次，截至 2013 年末，全省共有培训中心 265 个。2010～2013 年共有 56.51 万名下岗失业工人参

---

① 《河北经济社会发展报告（2014）》。

加了再就业培训，19.74 万人参加了创业培训，101.6 万名农村劳动力享受了就地就近转移培训工程政策补贴等。在全省加大人力资源培训开发力度的前提下，国家级开发区必然会从中受益，可以通过培训补充劳动力资源并提升其素质。[①]

4.3.2.1.4　产业人才供给渠道多元化

河北省人才工作的发展，人才存量的稳定增加，人才质量和结构的不断优化，都为 6 个国家级开发区人才的供给打下了基础。在立足于河北省人才供应的基础上，开发区和驻区企业也不断结合开发区和企业实际开拓人才供应渠道，使各开发区的人才供给渠道不断多样化，满足驻区企业对人才的需求。总体来说，各开发区的人才供给渠道主要有以下几类。

（1）来自大中专院校的人才供应。

河北省 6 个国家级经济开发区主要分布在沿海及京津周边，据 2015 年教育部公布高校名单，河北省共有高校 118 所，其中本科院校 58 所，专科（高职）院校 60 所，这些高校成为各开发区人才供给的重要渠道。同时，在各开发区中，各区内龙头企业（钢铁、化工、物流、制药、电子、电力、港口、机械等）基本属大型国有企业转制而来，这些大型龙头企业与原各部属高校均有较好的合作关系和合作历史，同时因为企业自身的品牌度而获得应届高校毕业生的认可，企业中的学长效应也有较好地发挥。因此，每年春季省内外的校园招聘成为开发区各企业补充劳动力资源的重要渠道和途径。对于开发区各企业来说，省内高校和有合作历史的省外行业院校成为补充企业一线技术员工和普通管理人员的重要途径，因此，各企业均十分重视校园招聘。一批知名企业已经将每年的校园招聘程序前置，如首钢京唐公司已经在一些有良好合作关系的院校中，采取"请进来"的方式，每年会邀请一些大二、大三的学生进入企业参观，获得感性认识，增强对企业的了解和认同。其他各开发区中的重点企业也都有长期合作的

---

① 《2015 年河北人才发展报告》。

行业院校和地方院校，对校园招聘高度重视。因此，长年连续的校园招聘，企业形象和品牌在大学校园中的树立，是各园区获得人才补充最稳定和有效的途径。

（2）来自各园区为驻区企业搭建的固定劳动力供应平台。

除了校园招聘之外，驻区企业补充劳动力另一个重要途径是各园区人力资源和社会保障部门为园区搭建的劳动力供应平台。由各园区人力资源和社会保障局所构建的劳动力供应平台一般由以下两种方式构成：

第一种方式是搭建人才招聘网。例如曹妃甸经济开发区人力资源和社会保障局建立了曹妃甸就业网，较好地适应曹妃甸大开发、大建设、大发展的需要，服务于各类企事业单位、求职人员，网站利用先进的互联网技术开发了交互式信息发布平台，开设了就业创业、单位招聘、个人求职、人事代理等服务栏目，为全区各用人单位、全区乃至全国各层次人才提供信息服务平台。廊坊开发区人力资源网也为驻区企业的招聘提供了便利条件，目前该网站拥有企业用户 875 家，发布招聘信息近两千条；同时，廊坊经济开发区网站还提供当年与开发区有合作关系的高等院校毕业生信息，包括高校名称、专业、人数等，为企业更好地进行校园招聘提供了有益的帮助。各开发区开设的人力资源服务网专门针对驻区企业和应聘者个人定期发布岗位需求信息，企业和求职者可以通过开发区招聘网招聘和求职。网站数据每日更新，较好地为驻区企业的人才招聘提供了便利条件。网络招聘方式比较快捷高效，节约招聘成本，并且是人社部门负责建立和维护网站运营，具有较好的可信度，对于驻区企业和求职者来说均是一种较好的渠道。

第二种方式是固定、直接和面对面的人才招聘，如曹妃甸经济开发区人力资源和社会保障局下设劳动力供应大厅，每月 18 日定期为驻区企业举行招聘会，这种定期举办的招聘会在求职者和驻区企业中都形成了一定的知名度，也成为企业补充用工的有效途径。如廊坊经济开发区人社局每年三月会连续举办针对不同层次人才的专场招聘会，分别是基础人才专场、技能人才专场、中级人才专场，为驻区企业的不同用人需求提供更具针对性地服务。2016 年 4 月 23 ~ 24 日,廊坊开发区 2016 年春季大型公益人才招聘会在会展中心举行,116 家用人单位揽才纳贤,提供招聘岗位 2800 多个,参会人数达 6000 余人次,企业招聘成功 700 多人,达成意向 1000 余人。

(3) 来自各园区为驻区企业提供的灵活用工形式的劳动力供应。

除应届大、中专毕业生和园区搭建的固定劳动力供需平台外,一些园区人力资源和社会保障部门还为驻区企业提供灵活用工的劳动力供应。对一些企业特殊需求的临时性、辅助性和替代性的工作岗位提供劳务派遣服务,解决企业的临时用工之急。同时,园区还为这些灵活用工人员提供相关的技能培训,使他们到企业后能够迅速上岗,及时满足企业的需求。曹妃甸开发区人社局为首钢京唐公司提供了天车工岗位的技能培训和劳务派遣,较好地解决了企业的用人需求。

秦皇岛经济开发区在每年九月份举办面向高校毕业生就业见习对接专场招聘会,提前深入驻区企业调查所能够提供的就业见习岗位数量,并面向高校发布相关信息,吸引即将走出校园的高校毕业生通过就业见习岗位来熟悉和了解企业,成为企业储备劳动力的重要途径。

(4) 来自园区人才吸引政策和企业(大型国有企业)组织部门特殊人才引进等相关优惠措施的高层次人才引进渠道。

通常来说,各园区都有针对高端人才引进的相关优惠政策,并在资金上进行重点扶持,力度较大。有些大型国有企业还会由企业的组织部门通过单独渠道专门引进。通过这种渠道方式引入的高层次人才一般数量少、质量高,园区和企业都为此投入了大量的资金,制定特殊的激励政策。如邯郸经济开发区为加强引智工作,完善引智职能,邯郸市人力资源和社会保障局为区组织人事局加挂"外国专家局"牌子,确定全区引智工作负责部门和人员,建立和完善全市上下统一协调的引智结构体系,健全引智信息网络系统,有力地推动引智引才工作开展,更好地为开发区经济社会发展提供国外人才和智力保障。为了促进高层次人才创业,曹妃甸开发区的唐山海清源科技股份有限公司被赋予省级博士后创新实践基地称号，并由此获得多项政府扶持，海清源公司可以从院校、科研站所引进高端技术人才参与科研创新工作，对于增强海清源公司新型高端产业发展的技术优势，加快海清源公司转型升级、推动装备制造园区高新技术产业发展将产生积极作用。这种创新实践基地的形式便于博士后工作的拓展和深化，也是开发区引进高端人才的渠道之一，对于发挥博士后科研流动站的人才技术优势，促进产学研结合和科技成果转化，加快建立以企业为主体的技术创新体系，培养造就高层次创新人才，提高企业的自主创新能力和科研攻关能力。曹妃甸经济技术开发区与清华大学签订了《共建清华大学学生社会实践实习基地长期合作备忘录》，开发区组织协调曹妃甸区内相关企事业单位，为清华大学本、硕、博等各学历级别和各学科专业学生提供社会实践和就业实习岗位。实践实习基地在为清华学子提供社会实践实习机会的同时，也为曹妃甸高精尖科技人才的引进搭建了又一个平台。曹妃甸清华大学学生社会实践实习基地的建立，是曹妃甸积极推进京津冀协调发展的重要成果，也是加强北京与曹妃甸科技、文化和人才交流的重要举措。

4.3.2.1.5 开发区产业人才发展的政策环境状况分析

开发区的建设发展离不开人才的聚集，在河北省人才数量质量不断增加的有利条件下，在京津冀协同发展的前提下，河北省 6 个国家级开发区正在不断完善人才政策，创设有利于人才吸引、培养和服务的政策环境。

曹妃甸区委、区政府于 2015 年 7 月制定下发的系列政策为经济开发区的高层次人才吸引提供了很好的政策保障，这些系列政策共有 7 项，其中包括：《唐山市曹妃甸区加强高层次人才队伍建设的政策规定》《唐山市曹妃甸区特聘专家引进管理办法（试行）》《唐山市曹妃甸区高层次人才认定管理办法（试行）》《唐山市曹妃甸区引进高层次人才办法（试行）》《唐山市曹妃甸区引进创新创业团队评审办法（试行）》《唐山市曹妃甸区专家公寓使用管理办法（试行）》《唐山市曹妃甸区人才专项扶持资金使用管理办法（试行）》。从对这些政策的解读中可以了解到，对于高层次人才的吸引，曹妃甸区所制定的系列政策包括了高层次人才和特聘专家，对这些人才的认定、优惠政策、资金扶持直至特聘专家公寓的使用管理均做出了详细的规定，这对于高层次人才的吸引无疑提供了很好的政策支持。

沧州市委、市政府于 2012 年下发《关于建设沧州"人才特区"的意见》，特别提出利用经济开发区产业聚集度较高、人才基础较好的优势，加大人才投入、创新人才机制、优化人才环境，大力提升人才队伍规模，建立人才公共服务体系，着力打造"人才特区"的政策、载体、环境、服务等优势。在此基础上，制定并实施《沧州市"狮城精英"人才引进办法》，重点引进全国杰出专业技术人才、国家有突出贡献的中青年专家、河北省"巨人计划"入选人才、"燕赵学者"等分别给予适当的创业资金、场地租赁、科研启动经费等支持。同时还配套制定《沧州"人才特区"重点创新创业团队遴选管理办法》，对符合条件的创新创业团队给予下放行政审批权限、降低工商注册门槛、优先配套建设用地指标、实行财税减免返还等一系列扶持激励政策。其中纳入河北省"巨人计划"的创新创业团队，在落实省里有关扶持激励政策的基础上，进一步加大支持力度，进行重点扶持。

石家庄市委、市政府于 1995 年开始实施《石家庄引进人才暂行办法》，并于 2015 年颁布实施《关于大力引进高层次科技创新创业人才的意见》（简称《意见》），旨在吸引国内外高层次科技创新创业人才或团队（本《意见》所指的高层次科技创新创业人才或团队是掌握具有自主知识产权核心技术，具备市场化、产业化条件，其科技创新成果能在我市转化落地，并取得明显经济效益的人才或团队），前往石家庄市创业发展，实施科技成果转化，用新产品、新技术、新业态和新模式促进转型升级、跨越赶超，加快建设创新型城市，意见中对符合条件的团队提供良好的创业环境、有利的融资支持、优厚的生活待遇和高效的创业服务。

2013 年 1 月，廊坊市颁布实施了《廊坊市引进高层次创新创业人才暂行办法》，提出国内外知名企业、高校、科研单位等从事专业技术或经营管理工作，具有较强创新创业能力的高层次创新人才，可以通过迁入或柔性引进来廊坊工作，以引领和带动廊坊市某一领域科技进步、产业升级、社会发展；具体目标是 5 年内引进 100 名左右国内外高层次创新创业人才及团队；该办法还对创新创业人才的认定和相关优惠政策做出了详细的规定。在此基础上，廊坊经济开发区针对开发区人才需求实际，于 2016 年 7 月制定了《廊坊经济技术开发区引进高层次人才试行办法》《廊坊经济技术开发区引进高层次人才试行办法实施细则》《廊坊开发区人才发展专项资金使用管理实施方案》等具体规定，为开发区吸引高层次人才提供了有利的政策保障。

邯郸市委、市政府于 2014 年颁布实施了《邯郸市关于完善高端人才支持计划的实施方法》，提出以良好的环境引进人才，探索高等院校、科研院所、企业等联合培养制度，构建新型的产学研高层次人才和领军人才培养模式；在人才使用和人才服务上不断完善，充分发挥高层次人才的重要作用。2016 年 9 月，邯郸市 15 部门制定的《关于扶持高层次创新团队实施细则（试行）》开始实施，细则对基础创新、技术创新、产业创新三个类型的团队进行了界定，并对创新团队的建设、发展、和服务制定了相关激励措施。

秦皇岛市为深入实施人才强市战略，吸引更多海内外优秀人才到秦皇岛市创业创新，于 2016 年 10 月印发了《改革完善博士后制度的实施意见》（简称《意见》），对博士后在扶持范围、资助力度、家属随迁、子女入学、考核管理等多个方面实现创新和突破。《意见》规定，对新建的博士后工作站和创新基地，由市政府分别给予 30 万元和 10 万元的一次性奖励。对进站的博士后研究人员，在站工作时间超过半年以上并通过考核的，一次性给予 5 万元生活和工作经费资助。此外，开发区于 2014 年 8 月颁布实施了《秦皇岛经济技术开发区职业技能培训职业教育补贴办法》，对开发区企业进行的职工岗前培训进行专项资金补贴，费用由开发区财政支出，目的在于提升劳动者的就业能力，帮助企业提升劳动力素质。

4.3.2.1.6　区域产业人才服务能力分析

纵观河北省 6 个国家级开发区的人力资源服务体系，总体来说分为两个层面：其一是由政府部门提供的公共服务，其二是由专业人力资源服务机构提供的服务。总体来说，6 个开发区的人力资源和社会保障局承担了绝大多数的为驻区企业提供人力资源服务的政府职能，而专业人力资源服务机构在各开发区的发展呈现不同的状态。

从河北省内不同的开发区来看，曹妃甸开发区人力资源和社会保障局承担了为驻区企业提供人力资源服务的各项职能，人力资源和社会保障局下设人才市场，为驻区企业提供劳动力招聘服务，并通过每月定期举办的人才招聘会为企业和求职者之间搭建桥梁。同时，人力资源和社会保障局还搭建了曹妃甸就业网，网站包括职位搜索、就业创业、职业培训、劳动用工管理、毕业生服务等内容，为驻区企业提供相关服务。

邯郸开发区设有组织人事局，除负责开发区党务工作和干部人事工作外，还负责机关、企事业单位的人才招聘录用，企业人事人才的流动开发，人才市场及职业中介机构的管理、企业用工的劳动备案及执法检查、负责企业社保的审核办理，还负责人事人才、劳动用工、社会保险等工作的综合统计、信息上报及年度审核。另外，开发区还有邯郸开发区人力资源服务有限公司，为驻区企业提供人力资源各项服务。

秦皇岛开发区人力资源和社会保障局为驻区企业提供各项服务，并下设两个服务网站，分别是秦皇岛开发区人力资源网和秦皇岛经济技术开发区人力资源平台，其中人力资源网在企业招聘、个人求职、就业动态、政策服务等方面为企业和劳动者提供相关信息，数据更新比较快，日常维护和管理比较到位，信息提供比较及时；人力资源平台相比之下利用率较低，网站内容比较陈旧，数据更新慢，发挥作用有限。此外，秦皇岛经济技术开发区还有人才交流服务中心、人力资源市场，为企业和个人提供相关服务。

廊坊开发区由人力资源和社会保障局负责开发区相关人力资源服务

工作，经济开发区拥有人力资源市场（人才服务中心），搭建了开发区人力资源网，网站主要包括个人求职、企业招聘、就业促进、创业扶持、人事代理、失业保险等内容，还对与开发区有合作关系的高校毕业生信息在网上进行发布，方便企业选择；网站及时做到数据维护和更新，运营效果较好。

沧州开发区劳动和社会保障局承担了开发区人力资源服务的部分工作；石家庄经济技术开发区则主要依托省会城市的优势，充分利用石家庄市人力资源服务公司来为开发区提供相应的服务。

4.3.2.2　区域产业人才子系统的需求分析

河北省 6 个国家级开发区重点扶持的产业不同，所处地域不同，因此对于人力资源的需求也存在一定差异。驻区企业由于行业性质不同、规模不同、知名度不同，对所需人才的吸引力度也有所不同。一些大型国有企业和知名度高的企业能够形成人才聚集效应，依靠良好的口碑和声誉吸引各类人才；还有一些驻区依托园区相对完善的人力资源服务措施来满足用人需求；相对来说，一些缺乏区位优势和品牌优势的中小企业在一定程度上用人需求并不能完全得到满足；另外，一些传统重工业由于行业自身相对来说不具有吸引力，同进企业规模比较小，知名度不高，在人员招收和留用上会遇到一些问题。

本书的调研人员通过调研、访谈了曹妃甸开发区管委会负责人，并通过对曹妃甸代表性驻区企业的调研发现，除 2016 年新入区企业外，2014 年到 2016 年，被调研企业的员工总数大多呈现稳中有升的态势，驻区企业因为规模和行业性质差异在人员学历构成方面呈现一些差异。总体来看，在港口、物流、装备制造和电子冶金等生产性质的企业中，大专学历的员工人数比例大约占到 40%，本科学历层次约占 25%，高中及以下占到 35% 左右；而且在企业中博士以上学历几乎为零，同时，在这些被调研企业中，招聘有农民工的企业仅占企业总数的 1/10。总体来看，企业的人员素质基本与企业的性质和规模相符合，不同的企业对人才需求的学历层次、结构类型和专业性存在一定差异，总体呈现如下特征。

4.3.2.2.1　区域内生产制造型企业对技能型人才需求分析

在本书调研的大型制造业企业中，对技能操作型员工的需求数量都占据了人才需求的第一位，尤其是对专业技能性较强的电焊工、车工、铆工等专业工种的需求在一些企业中更为迫切。出现这种现象的原因主要有以下几方面：一是企业生产规模的扩大带来用工人数的增加；二是因为相关人才的供应和培训与企业的需求有一定的差异；此外，企业内技能员工的流失也是一个重要的因素。

对于生产型企业来说，一线技能操作员工是企业产品生产制造的基础，随着科技的发展和现代化生产设备的广泛使用，对这部分员工的绝对数量需求在逐渐降低，但对其技能要求却在提升。本书调研中发现，由于年龄、薪酬、技能等多种原因导致这部分员工的流失率相对较高，这也成为阻碍企业稳定生产的不利因素。从企业层面看，企业更需要的是比较熟练的操作员工，但这部分劳动力的供给却并不充分；企业希望降低用工成本，对员工培训的投入有限；一般大专院校的毕业生又缺乏适应此类工作要求的操作技能，因此，对这部分劳动力的技能培训是一个需要重视的问题。在调研中，许多企业希望开发区管委会人力资源和社会保障部门能够提供免费的员工培训，尤其是针对这种操作型员工的技能培训，这也应该是解决驻区企业用人需求的途径之一。

4.3.2.2.2　制造业高层产业人才需求分析

在本书所调研的企业中，对于具有专业知识背景的人才需求是持续稳定的，也是企业进行校园招聘的最主要目的。企业所需要的基本都是与其生产、研发和设计密切相关的专业人才，而行业高校的招聘成为这一类人才补充的最主要途径。所有参与调研的企业在近三年内都有相当数量的应届高校毕业生入职，而且数量稳定增长，学历以本科为主，并且也都有今后的用人需求。因此，做好企业用人与高校育人的对接，是满足企业这部分人才需求的重要举措。

根据廊坊开发区编制的《廊坊开发区 2016 年度重点领域人才开发目录》统计，在信息技术、装备制造、节能环保、新材料、汽车零部件、生物医药、现代服务业等七大重点领域的人才需求中，对专业技术人才的需要占到 49.4%，全部需要本科以上学历，其中对研发人员的需求数量占专业技术人员需求量的 57.1%，对专业技术人员需求量比较大的行业是节能环保、生物医药、汽车零部件、新材料。

4.3.2.2.3　区域内大中型企业对经营管理人才需求分析

如图 4-11 所示，从受访企业的访谈看，约 60% 的大中型企业对经营管理人才具备较为旺盛的需求，其中 10% 的企业明确提出需要高级经管人才，对初级管理人员和中级管理人员有需求的企业数量相当。根据《廊坊开发区 2016 年度重点领域人才开发目录》数据统计，在该开发区七大重点领域中，现代服务业对各类经营管理人才的需求占到该行业全部人才需求量的 79.6%，装备制造、节能环保、新材料、汽车零部件、信息技术等五类行业中，经营管理人才的需求占到全部人才需求总量的 40.8%，但生物医药行业没有提出对经营管理人才的需求。究其原因，是因为经营管理人员在一个企业中的绝对数量相对于技能操作型员工和专业技术型员工来说比较少，而且会具有相对的稳定性。在企业追求经济效益的今天，最大限度地降低成本、节约人力资本已经成为许多企业的选择。因此，管理效率的提高也是企业所追求的目标，从长远来看，企业对于经管类人才的需求会更注重质量而不是数量。

事实上，对于高级经营管理人员来说，一般企业会把对其的引进纳入专门的人才引进渠道中，也会有比较大的优惠力度和资金扶持。同时，各开发区也为高级经营管理人才的引进制定相关的激励政策和措施。对于中级和初级的经营管理人员，企业通常采用校园招聘等方式来补充。企业对经营管理人员的需求数量随着层级的提高而降低，但质量要求会越来越高。因此，企业如何获得高质量的经营管理人才仍是一个需要认真面对的问题。

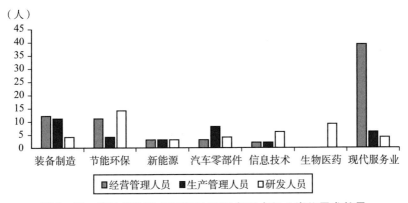

图 4 - 11　廊坊经济技术开发区 2016 年重点行业岗位需求数量

资料来源：廊坊开发区 2016 年度重点领域人才开发目录。

4.3.3　区域产业人才发展问题分析

4.3.3.1　区域产业人才子系统中人才开发状况不佳分析

（1）人力资源总量不足，增长速度慢。人力资源供给总量不足，是河北省全省经济社会发展面临的一个新问题，[①] 也是河北省所有国家级开发区所面临的问题。特别是在产业升级、经济转型过程中，第三产业的发展，需要有充足的劳动力支撑。由于总量供给不足产生的招工难、招工贵，抬高了劳动成本，影响了第三产业的竞争力，这同样也在很大程度上限制了诸多开发区企业的发展。

受访企业均表示本企业人力资源管理最突出的问题就是人才储备不足，而且所有企业在过去一年中均有员工流失现象。流失率最高的一家大型国有控股企业技能操作型员工流失率高达 65%，研发人员流失率也高达 31%；其余大部分企业也处于人力资源总量不足状态，人力资源部门长年忙于招聘，深感人才储备不足，制约了企业的发展。多数企业表示人力资源总量与企业招聘困难和员工的流失率密切相关，多数企业表

---

① 《2015 年河北人才发展报告》。

示企业所处的位置，企业规模和企业薪酬水平是导致本企业员工流失的重要原因，此外，企业内部晋升空间有限也对员工流失具有一定影响。

（2）人力资源结构不够合理。河北某些开发区从业人员的专业结构、学历结构不合理。总体来说，自然科学类人才多，社会科学类人才少；执行型人才多，创新型、复合型人才少，不利于开发区又好又快地发展。各开发区专业技术人才大部分集中于信息产业、新材料、新医药、生物工程、装备制造等领域。[①] 人才主要分布在党政机关和高新技术企业及大型国有企业，其他行业和企业无论是人才的数量、结构，还是整体素质方面都与未来发展要求有很大差距。同时，部分开发区文化创意产业、生物产业、会展、物流、金融证券、招商、外语、医疗保健、教育培训、社区服务、文化娱乐人才缺乏，不利于开发区的总体发展，也不利于驻区企业的长远发展。

（3）高端人才缺乏，企业对高层次人才需求拉动不足。高端人才供给不足，不仅是河北省国家级开发区面临的问题，也是河北省长期存在的人才供给的结构性矛盾中的焦点问题。而在转变发展方式、产业升级、经济结构调整中，这个矛盾愈加突出。一是适应高科技创新产业发展的技术人才存量虽然有所增加，但增长速度远不能适应发展的需要。人才外流势头不减，人才引进难度增大。二是高端管理人才匮乏，引进困难，提高增量能力不足。

本书调研组人员，通过调研走访河北各经济技术开发区管委会和代表性企业，普遍反映高端人才匮乏，有些开发区龙头企业中具有博士学位的人员不足总人数的 0.1%，硕士学位的人员不足总人数的 4%；而高中及以下学历员工数比例接近 40%；技术研究领域人才多，企业经营管理人才少，有自主知识产权、核心技术的人才更少，高层次招聘难，人才流失现象严重。同时，一些开发区缺乏大型项目的依托，也使得高端人才难以被吸引。

---

① 郭晓君. 河北省某国家级高新区人力资源发展问题与对策研究［J］. 区域经济, 2013 (1)。

　　河北省的开发区相对于京津两地的开发区来说，在地缘上处于劣势，其社会经济发展水平与京津地区差距较大；总体收入水平低，受京津及发达地区的虹吸效应影响，高端人才流出趋势较为明显，所以人才流动的总体趋势是河北流向京津，尤其集中于北京。北京人才向外流动困难，决定北京人才向外流出的主要因素主要在于在外地能否找到更合适的职位，并且工资、薪金更高，更能发挥自己的特长，发展前景更好。近年来京津冀之间不断签署人才合作协议、联合举办区域人才交流会等，更有助于中低层次人才跨地区流动，对于高层次人才，效果不够明显。这是因为高端人才必须是在具体的业务环境中实际发挥突出或关键作用的人，而这在很大程度上依赖于企业项目的需求和创造的有利环境。

　　（4）京企外迁时因政策衔接引发的问题。在京津冀协调发展大背景下，部分京企外迁至河北省国家级开发区已经成为现实，河北省 6 个开发区承接了大量外迁企业。京企外迁，对于疏解非首都功能、拉动河北省经济发展均有重要意义。但这部分企业在迁入河北省部分国家级开发区后所面临的一些人力资源管理中的问题也日益突出。

　　在对开发区外迁京企的调研中发现，同一企业中如果同时存在京籍员工和非京籍（主要是河北省籍）员工，在同一工作岗位上可能遇到福利待遇不统一问题，通常是京籍员工的福利待遇会高于非京籍员工。这会在一定程度上影响员工的积极性。特别是一些企业面临特殊工种的认定标准问题，从政策层面上看，北京和河北对于特殊工种的很多认定标准不统一，在现实中会出现同一工作岗位同一工种，仅因为户籍不同而出现认定不统一的矛盾，给企业人事部门带来管理难题，并且此类问题在员工退休时表现得更为突出，直接的后果就是相同岗位不同户籍的员工，养老金数额有明显不同。

　　外迁京企反映比较突出的另一个问题是两地医疗报销不统一，河北和北京社保政策不同，具体到一些细节问题如药品报销品类不同，出现了同一企业患病员工，因为两地药品目录不同，京籍员工可以报销、非京籍员工不能报销的情况，这也成为企业人力资源管理部门所面临的比较棘手的问题。

4.3.3.2　区域产业人才子系统滞后原因分析

河北省国家级开发区人力资源开发中所面临的问题，在各开发区中呈现的状态有所不同，问题的表现既有共性又有差异性，这与不同开发区的产业特点、发展历程、驻区企业规模和数量、开发区自身区位等因素均有很大的相关性。总体来看，产生上述问题的原因主要是以下几方面：

（1）开发区位置劣势，公共配套设施不健全，影响了对人才的吸引力。在河北省 6 个国家级开发区中，沧州临港、曹妃甸经济技术开发区都是临海型，拥有深水良港，为开发区的发展提供了良好的自然条件。但这两个开发区距离城市较远，地理位置比较偏僻，开发区容易形成孤岛效应，与丰富的城市生活相脱节；此外，开发区文化娱乐、生活服务、公共服务等配套设施不够完善，使员工不能产生对开发区的归属感和认同感。一些企业员工长期缺乏与社会的接触和融合，容易产生心理问题，不能安心于本职工作，这也是企业员工流失的一个重要原因。一些企业员工精神生活比较匮乏，缺乏有效的外界刺激，缺乏正常的社会交往；还有一部分企业因为行业特点，同类产业聚焦效应明显，使员工中男女比例失调，也对园区未来发展带来了不安定因素。

根据调查结果，企业所处的地域和位置是员工特别看重的一个因素，是人才招聘中的重要影响因素，也是企业员工流失的重要原因。因此，完善开发区的公共服务和配套设施，使企业员工享受到便利的生活条件和相对较高的生活质量，必然会对人才的吸引起到积极的促进作用。

（2）京津冀人才聚集度差异造成不同开发区在人才吸引上的高地和低谷。客观上来说，河北省人才聚集度较低，与北京、天津两地相比有较大差距。比较而言，河北省人才聚集环境较差，经济、社会、生活环境不能够对人才有较强的吸引力。与北京、天津相比，河北省在经济、社会、文化及生活方面的优势不足，在集聚人才的竞争力方面与京津相比有较大的差距。

此外，区域性人才政策的差异也会在很大程度上影响人才的流动。尽管河北省国家级开发区对于人才的需求是刚性的，但也存在一些制约。一是受限于体制机制，高级别的科研院所和北京的知名高校在河北省建立分所、分院或者分校的步伐进展缓慢；二是一些行业的高端人才缺乏共进的交流环境，往往导致人才不愿意来，或者来了留不住；三是个别开发区对自身产业定位不明确，不知道人才来了如何承接，如何有的放矢地向专门人才抛出橄榄枝；四是人才向外扩散时，必定会考虑时间成本和交通成本，一旦这两个成本处于劣势，人才流动的动力和频率就会大打折扣。综合上述因素，同样为国家级开发区，河北省开发区与京津地区开发区人才吸引上有较大差距。

（3）大型项目和规模以上企业数量不足阻碍了对人才的吸引。本书调研中发现，河北省 6 个国家级开发区的发展是不均衡的，受制于开发区的发展历史、产业特点、区位特点等因素的制约，各开发区所呈现出来的发展状态也有很大的不同。部分开发区起步较晚，缺乏区位优势，发展速度不尽如人意，规模以上企业入驻数量不够，落地大项目较少，使整个开发区缺乏人才吸引和成长的有利条件。

此外，部分开发区高端要素集聚不足，仍处于初级生产要素集聚阶段，以人才和技术为特征的高级和专业生产要素储备仍然不足，科技平台和研发平台建设滞后，研发能力落后于生产能力，高端的技术基本是靠引进，技术人才也十分缺乏。服务于相关产业的教育体系尚未建立，人才的培养主要依靠引进。由于河北个别开发区与天津国家级开发区的一些产业结构相近，而天津的虹吸效应使高端技术人才难以真正吸引过来。对于成长中的开发区来说，制定各种优惠政策吸引大型企业入驻、引进更多优势项目入区是增强人才吸引力最重要的基础。

（4）服务意识欠缺，人力资源服务发展相对滞后影响了高端企业入驻园区。根据我国开发区管理均始于政府行为的共同特点，以政府行为在开发区管理中的作用程度为标准，一般将开发区管理体制分为政府主导型、政府参与型和政府服务型三类。从管理模式上看，全国218个国家级开发区中政府主导型、政府参与型、政府服务型管理体制的各有185家、27家、6家，占开发区总数的比重分别为85%、12%、3%。① 根据商务部对国家级经济技术开发区综合竞争力的排名分析，按管理模式分类，国家级开发区的竞争力情况依次是政府参与型开发区最强，政府服务型次之，政府主导型最弱。根据调查，河北省6家国家级经济技术开发区中，沧州开发区属于政府参与型，其余5家开发区均为政府主导型。这说明，在促进开发区建设过程中，开发区管理部门应该转变观念，不能仅仅站在管理者角度来工作，更多地应该强调服务意识，切实为驻区企业解决各类实际问题，尤其是在人力资源开发与管理方面。

本书调研中，一些企业提出开发区应该为企业人才工作提供更加强有力的支持，如为企业提供订单式职业培训。充分运用就业专项资金和失业保险基金，加强对企业职工岗位培训、失业人员的再就业培训和对农民工的技能培训，根据需要延长培训期限，提高培训补贴标准，为企业用工做好技能人才储备。另外，应该开展对企业人力资源部门人员培训，着重讲解国家和地区劳动法律、法规和日常业务办理流程，定期组织辖区企业人力资源系统业务交流会，使企业间相互沟通学习，降低企业用工风险。更多的企业提出开发区应该搭建更好的人才引进平台，制定更优惠的人才吸引政策，帮助企业更好地提升人才竞争力。

---

① 赵晓冬，吕爱国，李新国. 国家级经济开发区的三维关联度［J］. 开放导报，2016（8）。

第 5 章

京津冀区域产业经济生态
系统运作机制研究

5.1 京津冀区域经济生态系统的概念与内涵

在多数学者看来，京津冀区域之间形成的经济系统具有类生物性，其中区域内任何一个城市都不是孤立存在的，某一个城市的发展必然会对其他城市产生影响，不同城市之间存在协同演化的共生关系。对于京津冀区域经济生态系统的认识，比较有代表性的观点主要有三种：一是将京津冀区域经济生态系统视为以功能聚类的社会经济系统，由北京、天津与河北省诸城市构成；二是将京津冀区域经济生态系统划分为人口、资源、环境、经济和社会五个子系统；三是将京津冀区域经济生态系统归结为区域内部城市之间通过物质、信息、技术、人员和能量的交换流通而形成的具有特定结构与功能的复杂系统。从整体上看，现有研究多是基于微观角度来探究京津冀区域经济生态系统的相关问题，从区域社会发展的宏观视角进行研究的论及较少。本书认为，京津冀区域经济生态系统就是以区域经济与相关要素、环境之间关系为主体要素，以区域内部城市之间物质转换、能量流动和信息传递为客体因素，以区域内部城市之间功能、优势和地位互补为主体要素，以实现京津冀区域经济持续发展为目标要素所形成的复杂有机系统。

作为一个复杂共生的有机系统，京津冀区域经济生态系统必须具备三个基本条件：第一，多样的构成要素，主要包括北京、天津和河北省诸城市之间的经济交流、合作、活动等。其中，每一个要素都不可或缺，它们既是构成京津冀区域经济生态系统的最基本要素，也是京津冀区域经济生态系统存在的基础条件。第二，复杂的关系结构，区域内城市之间的不同性质、类型、行业的经济往来及其与外部环境之间都存在着一定的有机联系，进而在内部形成一定的结构，在外部表现一定的秩序，区域内部任何两个城市组成的经济生态系统又是从属于京津冀区域经济生态系统的子系统。第三，特定的功能表现，京津冀区域经济生态系统具有特定的功能，这是区域经济生态系统具有不同于各个构成城市的新功能，这种新功能是由京津冀区域经济生态系统的内部构成要素之间的有机联系共同决定的，而单个构成要素则不具备这种功能。如果一个京津冀区域经济生态系统消失了，其独有的特定功能就将被取代，它将面临消亡或解体。

京津冀区域经济生态系统是一个具有主体要素、客体要素、介体要素和目标要素的复杂系统，也是一个具有多样构成要素、复杂关系结构和特定功能表现的有机系统。除具有生态系统的一般特征之外，京津冀区域经济生态系统还表现出以下几个特征：

（1）时空承接性。从空间结构来看，京津冀区域经济生态系统是社会系统的一个子系统，与社会经济系统、政治系统、教育系统、文化系统等存在着一定程度的物能联系，这些系统的发展变化总是对京津冀区域经济生态系统产生影响，并在一定程度上塑造、制约其内部结构的形态与变化。从时间发展来看，京津冀区域经济生态系统是北京、天津、河北省诸城市长期适应外部环境，在彼此交往协调、相互适应过程中形成的有机功能体，区域内各城市之间绝非彼此独立、互不影响，而是一种网络式交叉的结构关系。

（2）动态适应性。主要体现在系统对所依存环境的适应与各构成要素对其所依赖环境的适应两个方面。前者既表现为系统主体通过内部结构调整、功能机理优化和运作机制健全来适应环境条件，也表现为有机体通过适当改变环境条件、有效变更资源取向，使得环境朝着有利于京津冀区域经济发展的方向演化。后者表现为系统主体通过内部资源结构的优化整合，要素目标内容、溢出效果的不断提升，来提高京津冀地区的区位优势与综合实力，增强京津冀地区发展的协同性与互补性，达到京津冀地区经济发展水平、规模和效益适应社会经济发展需求的目标。

（3）自校平衡性。与其他生态系统一样，京津冀区域经济生态系统也具有自校平衡性。作为一个复杂的有机体，京津冀区域经济生态系统不是完全被动地受制于外部环境的影响，它会根据环境发展走向及时完善内部结构、主动适应环境变化。环境中的物质、能量和信息在短时期大量地输入系统内部，会引起京津冀区域经济生态系统与外部环境之间关系的不平衡。为了确保与环境之间的动态平衡，京津冀区域经济生态系统通常会合理协调内部要素的结构关系，有效搭配要素组分的比例关系，充分挖掘要素的功能潜质，及时与外部环境进行多层面的交往活动。

5.2　京津冀区域经济生态系统的本质特征

（1）在性质特征上，京津冀区域经济生态系统是具有特定结构、功能和外在关系的，体现生态关联、生态适应、生态共生和生态平衡并不断遗传、变异和演化的复杂自组织系统。作为经济发展生态化趋势影响下的区域经济活动，京津冀区域经济生态系统是北京、天津和河北省诸城市以彼此经济交往的融通性和互补性相联结的一种共生现象，为区域内部各城市之间的交流互动提供了条件。北京、天津和河北省诸城市之所以能形成联结共生态势，除了区域经济交往需要外，更在于这种共生态势能够产生多元复合、排列合理、组合有序的生态关系。由于京津冀区域经济生态系统内部的协同适应性，区域内部城市之间的交往具有更加有利的生态环境。不仅如此，京津冀区域经济生态系统还通过内部要素的有机协同与外部环境的适应互动，产生北京、天津和河北省诸城市简单叠加所不具有的新的功能，即系统整体性。在区域内部城市之间及其与外部环境共同作用下自组织产生的对内和对外的共生效应，正是京津冀区域经济生态系统本质的集中表现。

（2）在形态表现上，京津冀区域经济生态系统是由要素形态、结构形态、功能形态和价值形态等多种表现形态构成的有机系统。在要素形态层面，京津冀区域经济生态系统由具有意识性的主体要素、丰富性的客体要素、多样性的目标要素、现实性的内容要素、能动性的介体要素以及客观性的环境要素所组成。在结构形态层面，京津冀区域经济生态系统主要由内部构成要素之间、要素与外部环境之间的有机联系共同决定。在功能形态层面，京津冀区域经济生态系统的实质是不同要素间的物能流转和信息流动。与自然生态系统中物能、信息"由上游向下游"流动方式不同，京津冀区域经济生态系统中的物能、信息流动主要是区域内部城市之间的双向可逆互动。在价值形态层面，京津冀区域经济生态系统由外部价值形态和内部价值形态集合而成。外部价值是指京津冀区域经济生态系统做出外向化行为需要综合考虑自身行为对环境变化的影响，以及环境变化对区域内部结构、运作机制、经济效益的影响；内部价值是指京津冀区域经济生态系统对内部构成要素之间的比例关系、位置排列和功能组需要进行合理搭配。

（3）在沟通方式上，京津冀区域经济生态系统是系统内部与外部之间实现经济交往、沟通的网络化系统。京津冀区域经济生态系统通过准确定位要素功能，有效整合要素关系，合理设置内部结构，及时调整资源取向，有力构筑发展空间以及动态构建外部环境关系等方式，来达到区域内部经济交往活动内外相渗透、纵横相交错、动静相结合的健康互动效应。较之传统的区域经济交往，京津冀区域经济生态系统在沟通方式上实现了系统内外信息共享的网络化。随着经济发展、体制重组、文化变迁和教育进步，京津冀区域经济越来越受到诸多社会因素的影响，区域经济发展的外部环境更多表现为一种自然因素和社会因素交织共生，物质因素和精神因素融通叠加的复杂态势。京津冀区域经济生态系统可根据外部生态环境状态，构建内外高效互动渠道与平台，打破传统区域经济交往的时空局限。

（4）在整合机理上，京津冀区域经济生态系统是通过内部物能整合、信息整合、结构整合以及功能整合等方式，成为结构与功能最优协调化的有机整体。京津冀区域经济生态系统具有自组织性，内部构成要素之间是一种双向的、多重的、非线性的复杂关系。虽然构成要素之间的容错性、自组织性以及相关经济制度的和谐交互机制能够有效整合京津冀区域经济生态系统，但由于区域经济生态系统的动态自组织性和不可重复性，京津冀区域经济生态系统的结构和功能都会随着要素关系的重新组合而不断变化，准确判断京津冀区域经济生态系统的最优功能和最优结构就显得非常困难。为此，京津冀区域经济生态系统必须具有较强的整合机制来有效规范和协调每一个构成要素的经济行为，维持经济发展秩序，促进区域经济发展，提高区域经济管理水平，增强京津冀区域经济生态系统的凝聚力。

5.3　京津冀区域经济生态系统的运作机制

京津冀区域经济生态系统的运作机制就是京津冀区域经济生态系统优化内部构成要素结构、整合外部环境资源结构、协调自身与环境相互关系的动态过程和作用机理。在长期的发展演化过程中，京津冀区域经济生态系统逐渐形成动力机制、整合机制、创新机制、控制机制和保障机制等多层面机制。

（1）京津冀区域经济生态系统的动力机制。京津冀区域经济生态系统的动力机制是三种动力——政府的拉动力、京津冀区域的自动力和环境的推动力共同作用、交互影响和均衡发展而形成合力的过程机理。①政府的拉动力。政府服务职能的有效发挥是京津冀区域经济生态系统发展演化的重要拉动力量。②京津冀区域的自动力。京津冀区域内各城市通常会强化市场意识和产业观念，合理设置发展目标和内部结构，适当调整发展规模，有效利用现有资源，充分挖掘资源潜能，加快京津冀区域经济生态系统的内涵式发展。③环境的推动力。近年来，在社会各方面力量的支持下，京津冀区域经济生态系统在管理绩效评估方面全面考虑社会环境因素的影响；在结构优化方面充分认识、突出重点、突破难点，实现系统内部结构与外部环境的持续发展和生态循环；在功能塑造方面注重吸纳社会力量、培育市场经济、引导系统再造、整合资源结构。

（2）京津冀区域经济生态系统的整合机制。京津冀区域经济生态系统整合可以视为京津冀区域经济生态系统一体化的过程或这一过程的终极状态，其具有丰富的内容，包括结构整合、物能整合、信息整合和功能整合等。大量的彼此存在交互关联性的区域内部城市聚集在特定的地理空间上，所形成的集群系统功能优势，使得京津冀区域经济生态系统必须具有较强的整合能力来有效规范和控制其中每一个城市的行为，以提高京津冀区域经济生态系统的群体凝聚力。所以，京津冀区域经济生态系统的整合机制必然成为保护区域经济发展优势，维持区域经济持续发展的能动平台。京津冀区域经济生态系统的整合机制具有双向性，即整合程度不足会诱发系统成员产生离心倾向，使其陷入发展的沼泽之地。相反，整合程度过高则会导致系统成员发展活力不足，发展步伐迟缓。

（3）京津冀区域经济生态系统的创新机制。创新机制是京津冀区域经济生态系统以持续发展为导向，以外部环境为依托，建立一种新的内部结构关系与资源整合模式，以实现竞争优势提高的能力机制。随着以战略变化和组织适应性为研究焦点的战略管理潮流的来临，京津冀区域经济生态系统发展原先所依赖的因素会导致其发展轨迹的路径依赖性，可能成为系统持续发展的障碍。由于受到原有思维方式、价值取向、发展观念、管理制度和行为偏好的"锁定"，一些传统的管理方式和手段或许得到继承和沿用。然而，更能体现京津冀区域经济生态系统的发展动力和竞争优势则是其独特的创新机制，尤其是对于系统的全面创新。全面创新是指在网络环境与激烈的竞争环境下，京津冀区域经济生态系统通过完善创新机制和方法，激发系统主体要素的创新热情，通过战略、文化、制度、组织结构、技术和市场等要素创新，整合系统内外关系及资源，提高区域竞争优势，推进区域持续发展。

（4）京津冀区域经济生态系统的控制机制。为了避免系统及其构成要素的发展误区，京津冀区域经济生态系统必须启动控制机制，科学设置控制目标，有效确定控制主体，准确锁定控制对象，不断强化控制基础，有针对性地采取控制方式和控制手段，对系统和要素的行为活动及战略措施进行导向指导和适当制约，确保行为绩效的正常发挥。事实上，京津冀区域经济生态系统的控制机制具有丰富的内容，在时间维度不能仅限于对近期行为及绩效的控制，还要注重对主体要素长期行为及其绩效的关注；在空间维度要着眼于京津冀区域经济生态系统的内部结构与外部环境的协同关系的控制；在价值维度要加强对系统内部主体构成要素价值的控制整合，统筹考虑经济价值、社会价值和生态价值的有机协调；在投入维度要着力提高对人、财、物资源投入与各种政策法规投入以及二者间关系的控制力度。

（5）京津冀区域经济生态系统的保障机制。保障机制是京津冀区域经济生态系统根据内部结构的发育程度和外部环境的变化态势，遵循内部构成要素成长规律、系统演化规律以及环境变化规律，逐步建立健全促进系统内部要素生存发展，推进系统有序演化的机制体系。保障机制是一项内容复杂、目标多样、手段丰富和体系健全的系统工程。在内容上，要从生存层面、发展层面和竞争层面的一体性入手，合理构建保障内容，实现保障内容的全面化；在目标上，要从社会经济发展、系统发展演化以及要素生存发展的需要出发，准确把握保障目标，实现保障目标的多元化；在手段上，要将立体式的救助网络、多层次的维护网络、全方位的扶持网络系统结合起来，灵活掌握保障手段，实现保障手段的多样化。在体系上，要将政府、系统管理者、系统主体要素有机结合起来，积极营造"政府—系统管理者—系统主体要素"三级联动的保障体系，实现保障体系的层次化。

参 考 文 献

［1］［英］彼得·罗伯森. 国际一体化经济学［M］. 载炳然等，译，上海：上海译文出版社，2001.

［2］陈刚. 区域主导产业选择的含义、原则与基准［J］. 理论探索，2004（2）：52－53.

［3］戴双城，黄少宏，周欢. 深莞惠创新圈已形成并扩至香港［N］. 南方日报，2015－7－10第A04版.

［4］丁焕峰，徐险峰，等. 开发区发展的经济学理论与实证［M］. 广州：华南理工大学出版社，2017.

［5］高志刚. 产业经济学［M］. 北京：中国人民大学出版社，2016.

［6］何琪. 长三角经济发展中的人才共享形式探讨［J］. 人才开发，2006（12）：18－20.

［7］金剑. 新形势下经济技术开发区发展战略研究［J］. 河北大学学报（哲社版），2003.

［8］科技部火炬高技术产业开发中心. 中国增长极：高新区产业组织创新［M］. 北京：清华大学出版社，2007.

［9］李孔岳. GEM模型与产业集群竞争力［J］. 经济学动态，2006（9）：33－37.

［10］李娜. 新型城区：广州经济技术开发区与高新技术开发区建设探讨［J］. 热带地理，2001，21（1）：11－15.

［11］厉无畏，王振. 中国开发区的理论与实践［M］. 上海：上海财经大学出版社，2004.

［12］刘强，等．京津冀国家经开发区产业发展环境研究［M］．北京：首都经济贸易大学出版社，2017．

［13］刘新同．高新区发展环境与对策研究［M］．长春：吉林人民出版社，2006．

［14］刘永安，莫安达．长江三角洲和珠江三角洲人力资源管理的比较［J］．中国人力资源开发，2003（12）：4－7．

［15］刘志亭．我国开发区的发展模式分析［J］．青岛科技大学学报：社会科学版，2004．

［16］卢新海，康萍．开发区发展的一般规律及趋势［J］．中国高新区，2004（12）．

［17］罗小龙，沈建法．跨界的城市增长，以江阴经济开发区靖江园区为例［J］．地理学报，2006（4）：435－445．

［18］彭希哲等．上海人口、人力资源与经济发展转型［J］．科学发展，2011（9）：76－77．

［19］彭星间．创新力与控制力统一———企业持续发展的新思维［M］．北京：中国商务出版社，2007．

［20］钱德勒．企业规模经济与范围经济：工业资本主义的原动力［M］．北京：中国社会科学出版社，1999．

［21］上海社会科学院经济所发展室专题调查组．苏州工业园区冲击旧观念　中外合作开发再创新模式［J］．上海经济研究，1994（7）．

［22］天津开发区联合考察组．积极探索、大胆创新：广州开发区管理体制与服务模式考察报告［J］．港口经济，2005（4）．

［23］汪涛．竞争的演进：从对抗的竞争到合作的竞争．武汉：武汉大学出版社，2002．

［24］王峰玉，李瑞霞．广州开发区的地域空间演变趋势研究［J］．现代城市研究，2008（12）：13－19．

［25］王辑慈．创新的空间：企业集群与区域发展［M］．北京：北京大学出版社，2002．

［26］熊军，胡涛．经济技术开发区发展模式分析［J］．科技进步与对策，2001（1）．

［27］徐顽强，熊小刚．高新区要着力提高自主创新能力［N］．科学时报，2008-12-05．

［28］阎川．开发区蔓延反思及控制［M］．北京：中国建筑工业出版社，2008．

［29］袁纯清．共生理论：兼论小型经济［M］．北京：经济科学出版社，1998．

［30］张晓平，刘卫东．开发区与我国城市空间结构演进及其动力机制［J］．地理科学，2003，23（4）：142-149．

［31］张雪梅，何晓云，张晓媛等．京津冀产业错位发展背景下河北省高技能人才培养策略研究［J］．统计与管理，2016（4）：115-116．

［32］张艳．我国国家级开发区的实践与转型：政策视角的研究［D］．上海：同济大学，2008．

［33］周一星，张莉．改革开放条件下的中国城市经济区［J］．地理学报，2003，58（2）：271-284．

［34］朱兵．中国经济演进中的开发区发展研究［M］．北京：中国工商出版社，2007．

［35］卓凯，殷存毅．区域合作的制度基础：跨界治理理论与欧盟经验［J］．财经研究，2007（1）：55-65．

［36］Hotelling H. Stability in competition［J］. Economic Journal, 1929（3）：41-57.

［37］Kwong K S, Ebrary I. Industrial development in Singapore, Taiwan, and South Korea［M］. Mew Jersey：World Scientific, 2001.

［38］Michael E P. Clusters and new economics of competition［J］. Harvard Business Review, 1998（11）.

［39］Stone C N. Urban regimes and capacity to govern：a political economy approach［J］. Journal of Urban Affairs, 1993, 15（1）：1-28.